CORTE Y CONFECCION 3

CORTE Y CONFECCION 3

Ann Ladbury

ediciones **ceac**

Perú, 164 - 08020 Barcelona - España

Traducción autorizada de la obra:
DRESSMAKING WITH BASIC PATTERNS

Editado en lengua inglesa por
B. T. Batsford Limited

© 1976 ANN LADBURY

ISBN 0-7134-3226-8

© EDICIONES CEAC, S. A.
Perú, 164 - 08020 Barcelona (España)

2.ª edición: Marzo 1990

ISBN 84-329-3203-5

Depósito Legal: B-12079 - 1990

Impreso por
GERSA, Industria Gráfica
Tambor del Bruc, 6
08970 Sant Joan Despí (Barcelona)

Printed in Spain
Impreso en España

Contenido

PARTE 1
Patrones y su ajuste

1. Introducción

Aunque nunca me han enseñado sastrería, probablemente he absorbido algo de ella a través de estar rodeada en mi casa y a través de observar a mi padre, y también porque ha estado en mi familia durante varias generaciones. Es probablemente por esto por lo que siempre parece que aplico algo de las técnicas de sastrería a la modistería para lograr, creo yo, resultados que aparentan ser más profesionales. Los métodos que describo en este libro son los que yo misma he utilizado durante años, pero también han sido bien probados por muchos estudiantes tanto aquellos a quienes enseñaba como, más recientemente, los espectadores de televisión y gentes que seguían cursos a domicilio. Esto no significa que aún esté usando y enseñando las mismas cosas; por el contrario estoy revisando constantemente lo que hago con el fin de habérmelas con nuevas telas e incorporar nuevos productos (¡no chucherías!). Por ejemplo aquellos que tengan mis primeros libros, escritos hace varios años, pueden ver que he desarrollado un enfoque diferente para confeccionar pantalones y he descubierto incluso más problemas de ajuste.

Haciendo mis propias ropas he desarrollado mejores métodos, que los estudiantes podrán también encontrar más fáciles de ejecutar, logrando así resultados más satisfactorios.

Este libro contiene patrones básicos de vestido y pantalones para tamaño de pecho de 83 a 97 cm. Hay diagramas de patrones para que usted los copie sobre hojas de papel cuadriculado. Si no desea trazar a escala estos diagramas, puede comprar usted un patrón básico de vestido y pantalón y utilizarlo junto con este libro.

Las primeras partes del libro abarcan la adecuación y ajuste de los patrones e instrucciones sobre el proceso para la confección.

La última parte contiene unos pocos ejemplos de adaptaciones, incluyendo convertir un patrón de un vestido de dos piezas, en uno sin costura en la cintura.

No está planteado como un curso de dibujo de patrones, pero da unas cuantas ideas de como puede usted cambiar el estilo fácilmente utilizando el mismo patrón.

2. Uso de patrones básicos

La gran ventaja de utilizar un patrón básico es que los ajustes a sus problemas de figura están ya hechos, quedando solamente por hacer el ajuste en la tela. Para aquéllas con más de un problema de figura esto ahorra tiempo, asegura un comienzo preciso y también, posiblemente la razón más importante, asegura que los ajustes se hacen adecuadamente no chapuceramente o se omiten por completo. La mayoría de nosotras ansiamos la figura perfecta y quizás imaginamos a veces que la tenemos. Es sorprendente el número de mujeres, que después de años de ajustar su patrón extenderán un patrón sobre la tela y lo cortarán sin variaciones. No pueden ofrecer ninguna explicación para este descuido, excepto que ellas saben lo que están haciendo, que no desean trabajar, o que tienen este estilo propio de pensar que no tiene importancia. No podemos adquirir má-

gicamente de la noche a la mañana las proporciones perfectas y por ello un patrón básico modificado y listo para su uso es una ayuda.

Un patrón de vestido básico puede confeccionarse en distintas telas para producir efectos variados, pero además el patrón puede adaptarse infinitamente para hacer prendas que son bastante diferentes en apariencia, pero mantienen los mismos elementos básicos de ajuste.

Los pantalones, afortunadamente, no pueden variar mucho, excepto en la anchura de las perneras, y como los problemas de ajuste son mucho más intrincados, es de gran importancia, para la mayoría de las personas, tener un patrón básico ajustado.

A partir de estos dos patrones el del vestido y el del pantalón, puede realizar muchos de los vestidos que usted necesite.

3. Vestido básico

Descripción

Es un vestido entallado en la cintura con falda en A, cuello redondo con abertura recta y manga ceñida. Al delantero se le da forma con una pinza de pecho bajo el brazo y una pinza de cintura, a la espalda con una pinza de cintura y una pinza de cuello. Las costuras del centro en el delantero y en la espalda son rectas aunque pueden retocarse en el ajuste para dar mayor forma si es necesaria. Hay una cremallera central en la espalda, una línea de cuello básica y aberturas para las mangas. Se da forma a la manga con una sola pinza en el codo y el puño es suficientemente ancho para pasar la mano por él sin abertura. En la cintura hay cosida una cinturilla pero puede omitirse para aquellas que prefieran no sentir su firmeza.

La enmangadura de la manga y las sisas se han configurado para producir una unión casi recta en la espalda y con ello más facilidad de movimiento, disminuyendo el riesgo de rasgaduras, y en el delantero está ahuecada para lograr un ajuste suave. El punto más bajo de la sisa no está en la costura de costado sino algo más hacia adelante. La enmangadura de la manga no es demasiado profunda y la costura del hombro es corta. Hay muchas, muchas mujeres que tienen los hombros caídos y estrechos y caída la parte alta del brazo y es más fácil añadir arriba para las que son más robustas. Finalmente hay dos lugares en los que es esencial un ajuste cerrado para la libertad de movimientos y por ello para la comodidad: uno es la entrepierna (que se explica en el primer capítulo sobre pantalones) y el otro en el sobaco de manera que pueda levantar los brazos sin que se levante todo el vestido. La sisa por ello está alta pero cuidadosamente conformada para que no tire. No hay nada más incómodo que una sisa baja.

3.1. Elección de la talla del patrón

Considerando el conjunto, usted utiliza el patrón más cercano a la talla de su pecho, porque la comprobación que se hace luego y el ajuste de las otras zonas pueden corregirse. También es más fácil ajustar las caderas metiendo o sacando las costuras, que alterar la medida del pecho. Sin embargo si su pecho y caderas están excesivamente fuera de proporción, sería más fácil elegir el patrón más pequeño y hacerlo más grande donde se necesita. El tamaño de su esqueleto puede ayudarla a decidir y también si usted tiene un problema concreto de figura con una parte que está fuera de proporción. En esta etapa la longitud es relativamente poco importante porque es fácil de ajustar y también, como usted verá, consideraremos la longitud proporcional de cada parte del cuerpo antes de establecer finalmente cosas tales como la longitud de la falda y de la manga.

Sin embargo hay algunos ejemplos de tipos de figura que las personas deberían considerar cuando decidan qué patrón utilizar. Estos puntos se aplican también cuando usted se encuentra entre las tallas.

(I) Una mujer alta y bien formada con el busto pequeño pero lo demás relativamente en proporción, puede elegir un patrón grande que se le ajuste en el conjunto excepto en el pecho y reducir la pinza de pecho antes de comenzar.

(II) Una mujer baja con huesos pequeños pero con una parte fuera de proporción, por ejemplo unas copas de pecho en D prominentes, podría comenzar con un patrón pequeño y agrandar la pinza de pecho y la longitud del delantero.

(III) Una persona con figura de pera, como

regla general, irá mejor con el patrón que se ajuste a su pecho, especialmente si su cintura y torso son pequeños y sus brazos cortos, como a menudo es el caso, porque puede alterar las caderas o muslos sin demasiados problemas.

(IV) La persona con una espalda estrecha, hombros y pecho estrechos, brazos delgados pero busto grande y caído y cintura gruesa (y posiblemente caderas muy escurridas y trasero plano) debe utilizar un patrón de pequeño tamaño, porque las sutiles curvas del cuello y las sisas son más difíciles de ajustar que las del pecho y cintura.

3.2 Realización de su patrón

Un papel cuadriculado para patrones, un lápiz, cinta métrica, regla, goma de borrar, tijeras para papel.

Siguiendo el diagrama, copie el patrón de su talla sobre papel cuadriculado. Marque excedentes de 1,5 cm para costuras todo alrededor y 5 cm en el dobladillo. La manera más rápida de hacer esto es utilizar una galga de medida del tipo producido por Milward, o cortar un marcador de un trozo de cartón con 1,5 cm cuidadosamente marcados a lo largo de un borde. Marque el centro del delantero y el centro de la espalda en todas las piezas y marque también la recta del hilo de la tela y el punto del pecho. Rotule cada pieza del patrón «espalda», «delantero», etc.

Ejecución del patrón

I.5cm

Marcador de 1,5 cm

Comprobación de las medidas de su patrón

Se dará cuenta ya de algunas de las diferencias entre sus propias medidas y las del patrón, así que éste deberá comprobarse y modificarse en esta etapa antes de recortarlo. Cuando utilice un patrón por primera vez, especialmente un patrón básico que usted desee que sea muy preciso y fiable, no puede esperar corregirlo todo en el estado de papel.

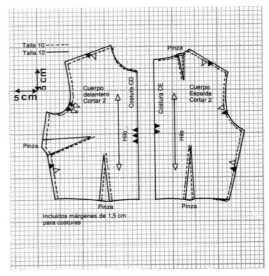

Vestido básico tallas 10-12

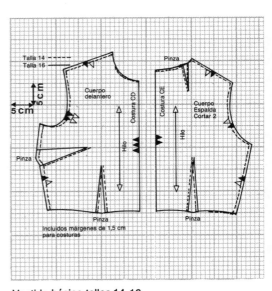

Vestido básico tallas 14-16

Otros puntos se mostrarán por sí mismos cuando usted pruebe la prenda sobre la tela y debe usted registrarlos sobre el patrón.

Algunas medidas pueden comprobarse prendiendo el patrón sobre el cuerpo, pero otras es mejor comprobarlas midiendo la figura y trabajando con el patrón plano sobre la mesa. A todas las medidas añada 6 mm de holgura, midiéndolas sobre el patrón, sin contar el excedente para costuras.

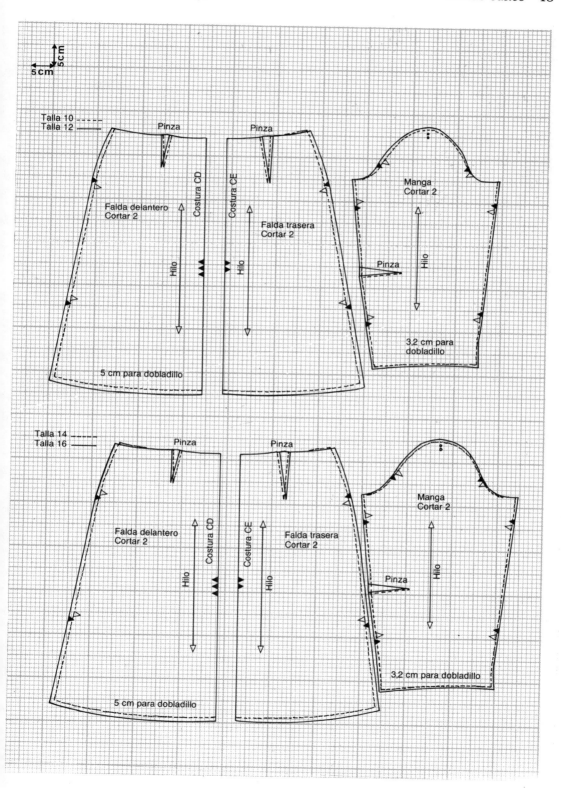

5 cm
5 cm
5 cm

Talla 10 - - - -
Talla 12 ——

Pinza

Pinza

Falda delantero
Cortar 2

Costura CD

Costura CE

Falda trasera
Cortar 2

Manga
Cortar 2

Hilo

Hilo

Pinza

Hilo

3,2 cm para
dobladillo

5 cm para dobladillo

Talla 14 - - - -
Talla 16 ——

Pinza

Pinza

Falda delantero
Cortar 2

Costura CD

Costura CE

Falda trasera
Cortar 2

Manga
Cortar 2

Hilo

Hilo

Pinza

Hilo

3,2 cm para dobladillo

5 cm para dobladillo

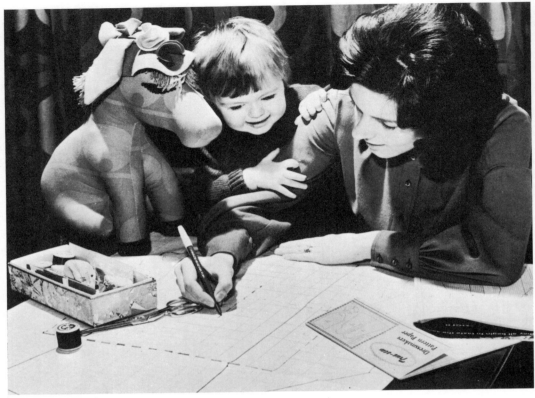

1. *Trazado de un patrón (cortesía de H.W. Peel and Co.).*

(I) Profundidad de las sisas

Puede encontrar la sisa normal demasiado baja o, en algún caso, demasiado alta para usted. Trace una línea (Fig. 1a) desde el punto bajo de la sisa de la espalda perpendicular a la línea de centro de ésta. Deslice una regla debajo de su brazo y manténgala horizontalmente, mientras alguien mide desde el centro del cuello en la espalda hacia abajo hasta el borde de la regla y compare con la profundidad sobre el patrón. Prenda entre sí con alfileres los papeles de la espalda y el delantero en la sisa (Fig. 1b) y mida. Si la sisa en el patrón es demasiado profunda, desplace el patrón de la espalda hacia abajo para acortar la distancia entre el cuello y el punto inferior de la sisa. Rellene la curva en la espalda para hacer una buena línea con la sisa del delantero. Si la sisa es demasiado somera, desplace el patrón de la espalda hacia

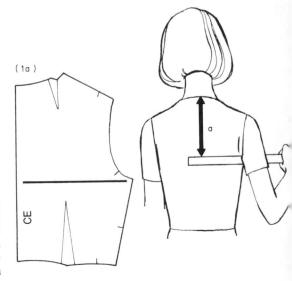

(1a)

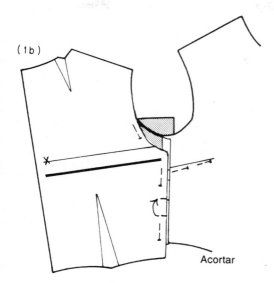

(1b)

Acortar

dad de la sisa. Puesto que la profundidad de la sisa se ha modificado, las piezas del cuerpo, delantero y espalda, tienen diferentes longitudes, haga pues, la siguiente comprobación con la que corregirá esto.

(II) Longitud de la línea de centro de la espalda y delantero

Mida desde el hueso más alto de la espina dorsal hasta la cintura y desde el hueco del cuello en el frente hasta la cintura (Fig. 2a). Compruebe el patrón y alárguelo o córtelo, plegándolo o cortándolo justo por encima de la cintura (Figs. 2b y c). Advierta que si la línea de cintura es desigual debe haber también una modificación desigual.

arriba (Fig. 1c) y recorte la curva de la sisa de la espalda.

Antes de quitar los alfileres marque nuevos aplomos a través de los patrones en la costura de costado. Habiendo modificado la sisa de la espalda, esté preparada en la etapa de montaje para subir o bajar un poco la costura del hombro del delantero, es mejor no hacer esto en el patrón porque de ninguna manera es siempre correcta para cada figura. La manga permanece inalterada y sólo necesitará agrandar o reducir la enmangadura si usted hace grandes cambios en la profundi-

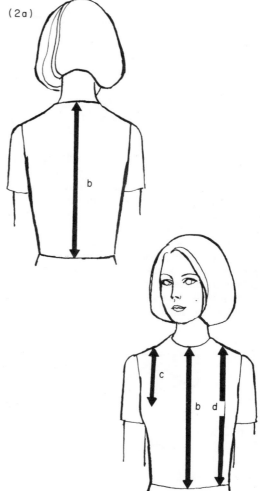

(2a)

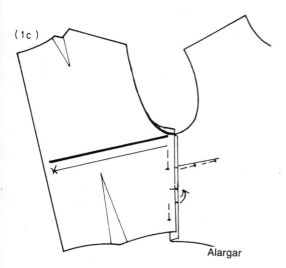

(1c)

Alargar

(2b)

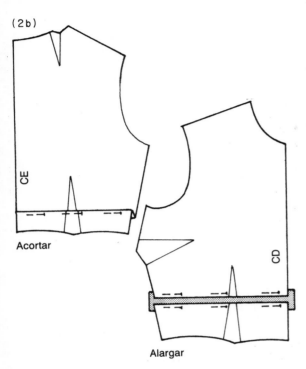

CE

Acortar

CD

Alargar

cerlo midiéndola. Además la corrección del cuello en la espalda a menudo sitúa correctamente el delantero.

(IV) Profundidad del punto del pecho
Mida desde el centro de la línea del hombro hacia abajo hasta el punto del pecho.

Para bajar el punto del pecho (Fig. 4a) pliegue el papel por debajo del nivel de la pinza de pecho, quitando la cantidad necesaria, préndalo con alfileres o péguelo. Corte el patrón a través, por encima de la pinza, pero por debajo de la sisa y añada en el corte la misma cantidad. Antes de pegarlo vuélvalo a medir. Acorte la pinza de pecho en lo que corresponda.

Para subir el punto de pecho haga lo mismo (Fig. 4b) pero plegando por encima

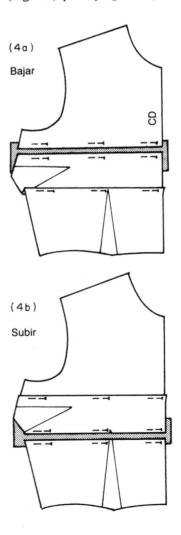

(4a)

Bajar

CD

(4b)

Subir

(III) Ancho del cuello en la espalda
Coloque la cinta de medir sobre el borde y siga alrededor de la curva desde el centro de la espalda hasta la costura del hombro omitiendo la pinza de cuello. Si necesita un cuello más ancho (Fig. 3a) suba el punto en que se encuentra el cuello y la costura del hombro y dibuje de nuevo la costura del hombro y la curva del cuello. Si el cuello es demasiado ancho para usted (Fig. 3b) señale su propia medida sobre la curva del cuello y desde este punto vuelva a dibujar la costura del hombro. Lo mejor es dejar el cuello del delantero hasta la etapa de montaje, porque es más fácil observar el efecto de la línea de cuello sobre usted misma, que tratar de ha-

Ancho de cuello espalda

(3a)

(3b)

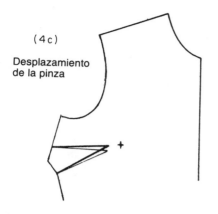

(4 c)

Desplazamiento
de la pinza

deseada. Préndalo con alfileres o péguelo en su posición. Vuelva a dibujar la pinza de pecho desde los mismos puntos de la base, pero yendo hasta un nuevo punto a 1,3 cm de la cruz del punto de pecho (Fig. 5). NOTA: Si el patrón le parece demasiado largo cuando lo comprueba para un pecho prominente, no lo acorte en esta etapa pues no sabrás si el exceso está por encima o por debajo de la sisa.

(VI) Longitud del hombro

Esta es una medida difícil de comprobar con precisión, porque si la espalda es especialmente redondeada o carnosa puede ser necesario tener una costura de hombro ligeramente más larga. Sin embargo mida el patrón y ajústelo si es necesario en la forma siguiente.

Corte el patrón desde el centro de la costura de hombro hacia abajo hasta la mitad de la sisa, casi hasta el borde del papel. Acorte el hombro solapando los dos bordes cortados (Fig. 6a) o alárguelo abriendo el corte (Fig. 6b). Préndalo y vuelva a dibujar la costura de hombro recta desde el cuello hasta el hombro. Modifique la espalda y el delantero de la misma manera.

de la pinza y cortando por debajo, si el ajuste es menor de 1,3 cm simplemente vuelva a dibujar la pinza con la misma base, pero hasta un punto más alto (Fig. 4c). NOTA: La pinza de pecho debe terminar a 1,3 cm menos que el punto de pecho real, o la prenda se notará tirante.

(V) Comprobación para un pecho prominente

Mida desde el centro de la línea del hombro hacia abajo, sobre el pecho prominente hasta la cintura. Compruebe esta longitud sobre el patrón. Para alargar para un pecho prominente, corte a través de la pinza hasta su punta y desde allí horizontalmente hasta el centro del delantero. Abra las dos piezas e introduzca el papel extra para dar la longitud

(5)

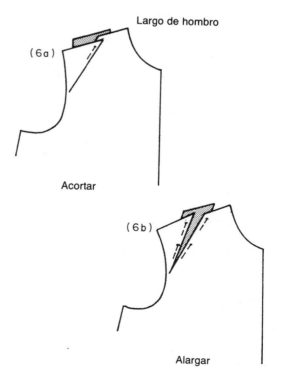

Largo de hombro

(6 a)

Acortar

(6 b)

Alargar

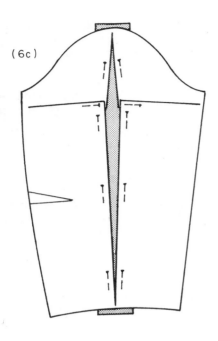

(6c)

(VII) Ancho de la manga

Mida alrededor de la parte musculosa del brazo debajo de la sisa, añada 2,5 cm para holgura y compruebe el ancho del patrón a esta altura. Si parece que la manga puede quedar apretada a esta altura, corte el patrón por el centro de arriba a abajo desde la enmangadura hasta el puño, pero dejando 6 mm sin cortar en cada extremo. Corte también el patrón de la manga al través dejando unidos los extremos. Ponga el patrón sobre una tira de papel o Vilene y separe las dos partes insertando un ancho adicional (Fig. 6c). Mantenga las cuatro partes planas y clávelas con alfileres.

(VIII) Largo de la manga

El largo final exacto dependerá de la tela, pero ajuste el patrón a aproximadamente la longitud correcta antes de recortarlo. El lugar más exacto para medir es la costura de debajo del brazo o sangría, así que mida una prenda que ya tenga y compruebe el patrón. Anote cualquier ajuste que haya de hacer, pero espere hasta que haya probado el patrón sobre usted antes de decidir dónde modificarlo. Esto se explica más adelante bajo el epígrafe. Comprobación del patrón sobre el cuerpo.

3.3. Tomar sus medidas

A mí me parece que la mujer «promedio» no se encuentra en ningún sitio, o que por lo menos está bastante contenta con su guardarropa confeccionado en serie, porque nunca me he encontrado con ella. Hemos de admitir que tenemos toda clase de formas y tamaños, y para lograr un buen ajuste debemos primero encontrar exactamente en qué nos desviamos de este mítico «promedio». Habiendo descubierto nuestras particularidades, me temo que, a menudo, sólo haciendo primero un cierto número de prendas que no se ajustan, se podrá entonces aprender cómo y dónde modificar el patrón en estos puntos y cómo ajustarlo en la tela para hacer frente a los problemas de postura y determinar los anchos y largos.

Para tomar sus medidas con éxito necesitará realmente la ayuda de algún otro, de manera que usted simplemente permanezca quieta en pie. También si dos o más de ustedes están implicadas tomándose las medidas una a otra, aprenderá mucho acerca de los tipos de figura y las proporciones del cuerpo comparando sus medidas con su apariencia. Por ejemplo puede ser que tres de ustedes se midan todas 92 cm de pecho, pero si se encuentran juntas de pie los pechos pueden estar a diferentes alturas y tendrán diferentes tamaños, sus cinturas pueden estar a diferentes niveles, las manos colgar en diferentes puntos (importante cuando se posicionan los bolsillos) y también sus rodillas pueden variar de posición. Permanezcan sentadas y probablemente se horrorizarán de sus posturas también, algunas espaldas serán largas, otras cortas. Y aun así, desde luego, probablemente utilizarán el mismo patrón y esperarán que se les ajuste.

Lleve una blusa con mangas y una falda o pantalón. Necesita que estén definidas ciertas líneas tales como la sisa, el cuello y la cintura y si se desnuda hasta la ropa interior se pierden todas las líneas de guía. Incluso aunque usted lleve algo que no considere que se ajusta bien en estos puntos, se verá claro donde debería estar la línea y es suficientemente fácil de medir, por ejemplo el largo de la espalda, desde el cuello a la cintura, añadiendo un poco si advierte que lo que usted lleva es demasiado corto en la cintura.

Las medidas que se relacionan más adelante se necesitarán para comprobar el pa-

trón antes de cortar la tela, pero como ayuda
a decidir el tamaño del patrón a dibujar necesitará conocer las siguientes:

(I) Pecho: Pase la cinta alrededor de la parte
más llena del pecho, debajo de los brazos
(1). La cinta debe ajustar cómodamente.
(II) Caderas: Pase la cinta alrededor de la
parte más ancha de las caderas. Esto es
donde el hueso real de la cadera sobresale
más (2); no mida alrededor de las nalgas a
menos que éstas estén a la altura de la cadera y no mida los muslos.

Recuerde que las cifras que escriba abajo
son solamente una guía, la cantidad de holgura que necesite para sus movimientos varía
bastante según lo enérgica que sea, cuanto
músculo y grasa hay, y a veces la vida que se
lleva. Las mujeres que hacen mucho trabajo
físico, por ejemplo, necesitan una buena holgura en los hombros y mangas. La cantidad
exacta de holgura solamente puede determi-
narse más tarde, cuando se prueba la pieza
encima y variará con cada tipo de tela que
utilice. Haga una tabla de referencia para el
futuro como se muestra aquí.

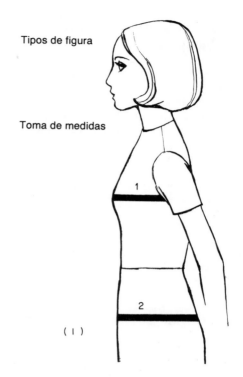

Tipos de figura

Toma de medidas

(I)

Medidas	Patrón	Mías	Patrón	Mías	Patrón	Mías	Patrón	Mías	Patrón	Mías
1 Pecho	87		92		97		102		107	
2 Caderas	92		97		102		107		112	
3 Cintura										
4 Profundidad de sisa										
5 Largo C.E.										
6 Largo C.D.										
7 Ancho cuello espalda										
8 Profundidad punto de pecho										
9 Largo de hombro										
10 Largo de costura de manga										

Medidas en centímetros

3.4. Forrado de los patrones básicos

Habiendo comprobado y verificado los patrones básicos, es una buena idea hacer una copia más duradera para su uso en el futuro.

Las piezas del patrón que no han sido exclusivamente modificadas puede reforzarlas con Vilene ligero adherente por planchado, de la manera siguiente:

Coloque cada pieza con el derecho hacia arriba sobre el revés del Vilene, es decir el lado recubierto de gránulos brillantes; clávelo con un alfiler. Empleando la plancha caliente pero sin humedad, planche la parte central de cada pieza hasta que se pegue al Vilene. Tenga cuidado de no colocar la plancha sobre el Vilene desnudo. Recorte cuidadosamente alrededor de cada pieza del patrón, asegurándose de que corta cuidadosamente y dejando los excedentes necesarios para costuras. Pase otra vez la plancha sobre la pieza, planchando ahora también los bordes. Cualquier modificación sencilla del patrón de papel, tales como dobleces para acortar, se mantendrán in situ con el respaldo de Vilene.

Si su patrón original de papel está mutilado en mala forma por las modificaciones, sería mejor hacer un nuevo patrón de Vilene. Utilice un grado de Vilene ligero de coser, no uno de aplicar con la plancha. Coloque el patrón debajo del Vilene, sujete con alfileres y trace el patrón y todas las marcas utilizando un rotulador de fieltro. Recorte cada pieza cuidadosamente.

Guarde su patrón básico en un sobre grande rotulado; será utilizable durante largo tiempo. Guarde su patrón de papel modificado y ponga encima la fecha, pues servirá como un recordatorio útil en el futuro, de lo que usted habrá de hacer exactamente esta vez.

Desde luego puede preferir dejar el hacer el patrón más duradero, para después de que el vestido se haya hecho, en caso de que se hagan necesarias posteriores modificaciones.

3.5 Reparación del patrón

Su patrón, habiendo sido ajustado y cortado uno nuevo de Vilene si es necesario, estará listo para su uso. Asegúrese de que cosas tales como la línea de hilo y «doblez» están marcados donde son necesarios. Pase una plancha caliente sobre las piezas para alisar las arrugas.

Recorte solamente las principales piezas del cuerpo y las mangas. No recorte las vueltas, cuellos y otras pequeñas piezas hasta después de haber ajustado. En esta etapa simplemente reserve un lugar para ellas en su pieza de tela, encajándolas entre las piezas grandes pero quitándolas luego antes de fijarlas con alfileres.

3.6 Tipos de figura

Este vestido básico se adapta a la mayoría de las figuras y es un elemento útil en el guardarropa. Si usted no ha usado un vestido entallado durante años, pruebe éste, no es apre-

Vestido básico, cuello, redondo, abertura en la costura CD, costura en la cintura, manga larga semiajustada y cremallera en CE

tadamente ajustado y no tiene el efecto de partirla a usted en dos y tiene una costura fina en el centro. Si usted está firmemente decidida a no tener una junta en la cintura en absoluto, hágalo en calicó o en sábana vieja para dominar los puntos de ajuste y luego pase a convertirlo en un patrón de una sola pieza.

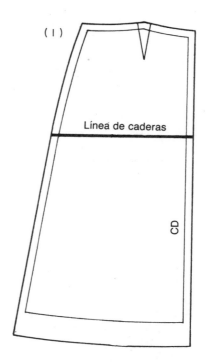

3.7 Aplicación de las medidas

Comprobación del patrón prendiéndolo en el cuerpo

Habiendo probado a tantas personas, tanto a aquellas a las que he enseñado como, en los años recientes, a las de cursos a domicilio, he encontrado de mayor éxito limitar los ajustes sobre el cuerpo a los de equilibrio; es decir longitud y dejar la cuestión de ancho adecuado hasta que la prenda se prueba en tela.

Modificaciones con el patrón prendido a usted

Es difícil ajustar en papel porque éste no cede y se desgarra. De hecho yo corto normalmente para esto un patrón básico de Vilene ligero, pero usted puede preferir aplazarlo hasta que haya incorporado todas sus modificaciones, especialmente si no está segura de lo importante que éstas van a ser.

   Habiendo ajustado el patrón tanto como le sea posible, puede prenderlo sobre el cuerpo para comprobar la longitud de cada pieza.

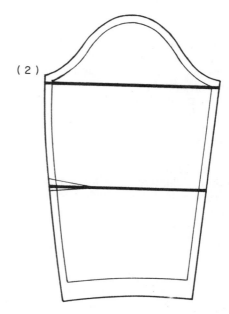

Marcado de líneas horizontales

Para ayudar a colocar las piezas correctamente, marque las siguientes líneas:

(I) Sobre el delantero de la falda trace una línea a ángulo recto con la costura del centro del delantero, a 20 cm por debajo de la cintura; señale ésta «línea de caderas» (Fig. 1).
(II) Sobre la manga trace dos líneas rectas al través; una a través del punto de la pinza del codo y otra por debajo de la sisa (Fig. 2).
(III) Sobre el delantero del cuerpo dibuje una línea (Fig. 3) a través del punto de pecho en ángulo recto con la costura del centro del delantero. Trace otra línea desde la base del cuello a la sisa.

Ajuste del patrón para la longitud

Imagine un cierto número de líneas horizontales yendo alrededor de su cuerpo a distintos niveles; es en estos lugares donde debe

(3)

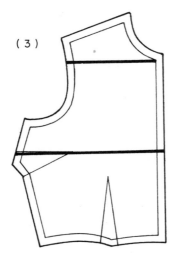

(4)

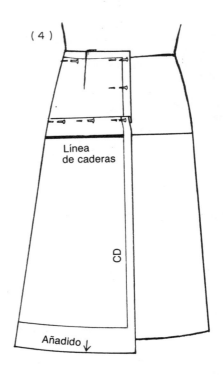

Línea
de caderas

CD

Añadido ↓

comparar la longitud del patrón con la figura real. Ajustando éstos ahora, cortando o alargando el patrón, asegurará que el equilibrio es correcto para la figura y hará mucho más fácil el primer ajuste del vestido.

Mientras prende cada pieza en su posición vea si el ancho en el pecho, cintura, caderas y muslos es suficiente. Si lleva vestido los bordes del papel deben encontrarse en las costuras de costado. El ajuste de ancho solamente puede hacerse con precisión cuando usted lo prueba sobre la tela, por eso en esa etapa simplemente asegúrese de que el patrón es suficientemente grande. Si parece dudoso haga una nota sobre el patrón para recordar añadir más cuando lo recorte.

Línea de caderas

Prenda el delantero de la falda a la persona en el centro de la cintura y de nuevo un poco más abajo. Alise el papel alrededor de la figura y préndalo al costado de la cintura. Compruebe la posición de la línea de caderas sobre el patrón cuando se une a la figura. El nivel de la cadera no es el de las asentaderas, los muslos o incluso las nalgas, si no un punto en el cual sobresale al máximo el hueso de la cadera al costado de la figura (Fig. 4). Es desde este punto desde el que la falda debe oscilar. En muchas de las mujeres a las que yo he probado hemos descubierto los huesos de las caderas a una distancia tan pequeña como 10 a 12 cm por debajo de la cintura. Yo he tenido que elevar la línea de caderas en todas, excepto un puñado de los

miles de personas que he probado, y nunca he tropezado con ninguna en que necesitase bajarse. Es incluso necesario subirlas en mujeres altas si el hueso de su cadera está alto. De hecho parece que sucede que las mujeres más bajas que el promedio, tienen las piernas cortas y una cadera más baja que las altas de piernas largas.

Las nalgas y el estómago se ajustan con pinzas, los muslos se ajustan con ancho extra pero se enmascaran también con el estilo; pero colocar la línea de caderas correctamente antes de comenzar asegura una buena caída y un balanceo atractivo más que un aspecto de caída hundida.

Pliegue hacia arriba el patrón para llevar la línea a su posición y préndala con alfileres. Antes de quitar el patrón compruebe el largo de la falda previendo el dobadillo. Si la falda es demasiado corta haga una nota sobre el patrón para cortar más largo añadiendo en el dobladillo. .Si es demasiado larga, la longitud exacta se establecerá más tarde en la tela y luego se anotará sobre el patrón.

Quite la pieza del patrón y alise el pliegue transversal. Préndalo con alfileres o cóselo. Coloque el patrón de la espalda de la falda a su lado y haga los mismos cambios.

Línea de pecho y línea de cintura

Prenda las piezas del patrón al delantero con las líneas horizontales en posición y compruebe la longitud. A pesar de sus medidas en plano, puede encontrar un exceso de longitud que plegar o una falta de longitud que indica que el patrón ha de cortarse al través y poner en este lugar una longitud extra. Compruebe en el centro del delantero, costura del costado, centro de la espalda y costura del hombro.

Las modificaciones que pueden ser necesarias son:

(I) Acortar el cuerpo
Pliegue el patrón para llevar la línea de cintura a su posición, el pliegue puede no ser a nivel todo alrededor. (Fig. 5).

(5)

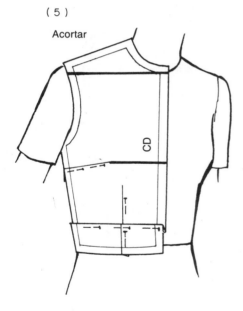

(6)

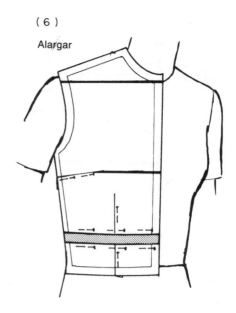

del brazo y prenda la línea transversal de la espalda. Alise el patrón hacia el cuello. Si parece corto, corte el patrón transversalmente a la altura de la mitad de la sisa y ábralo hacia arriba en el centro de la espalda solamente, prenda papel extra en la abertura. Al cortar la costura del centro de la espalda deberá rectificarse, aunque puede ser necesario darle un poco de forma cuando se llegue al ajuste. La pinza de cuello puede necesitarse un poco mayor pero deje esto hasta la prueba. (Fig. 7a y b).

(7a)

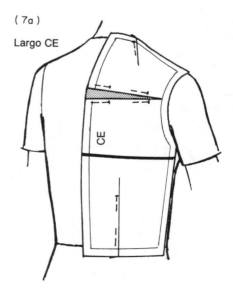

(II) Alargar el cuerpo
Desprenda el borde inferior, corte el patrón a través desde el centro del delantero alrededor hasta el centro de la espalda, unos 5 cm por encima de la cintura, baje la parte inferior y préndala en su lugar. Introduzca papel extra en el espacio. (Fig. 6).

(III) Alargar en el centro de la espalda
Esto es necesario en las personas mayores o en aquellas que trabajan en posición encorvada. Prenda el cuerpo en posición debajo

(7 b)

Enderezar la
costura de CE

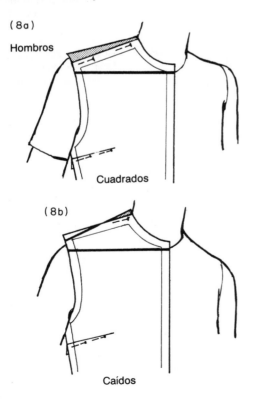

(IV) Hombros

Con los hombros muy cuadrados o muy caídos puede necesitar añadir un extra antes de cortar. Para los hombros cuadrados prenda papel extra y eleve el borde exterior del hombro (Fig. 8a). Para los hombros caídos doble el papel en el exterior del hombro, posiblemente añada un poco en el centro del cuello

(8 a)

Hombros

Cuadrados

(8 b)

Caídos

(Fig. 8a y b). Si se ha efectuado una modificación previa para la espalda redondeada esto levanta automáticamente el punto del cuello y si los hombros son también caídos el defecto puede ser corregido.

(V) Longitud de la manga

Prenda con alfileres la pinza y la costura de la manga y deslícela sobre el brazo desnudo. Doble el codo ligeramente y compruebe la posición de la pinza del codo. Esta debe estar un poco por debajo de la posición real del codo (Fig. 9). Si la manga necesita alargarse o acortarse por encima o por debajo del codo, o en ambas posiciones, sáquela, quite los alfileres, y ajuste.

Hay dos problemas de anchura que pueden revelarse por sí mismos cuando se prende el patrón en el cuerpo. Uno es el ancho del pecho y otro el ancho de la espalda y a veces pueden darse los dos juntos.

(9)

Largo de manga

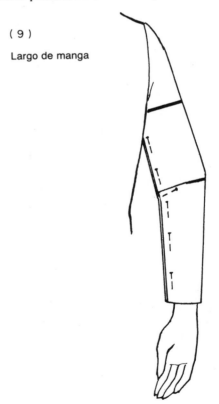

Ancho de pecho.

Si parece que hay exceso de papel entre el cuello y la sisa o si usted sabe por experiencia que tiene un pecho estrecho, trate de doblar hacia atrás el borde del patrón en el cuello yendo en disminución hasta la cintura. Además es bastante probable que usted deba reducir la longitud haciendo un pequeño pliegue entre el cuello y la sisa (Fig. 10).

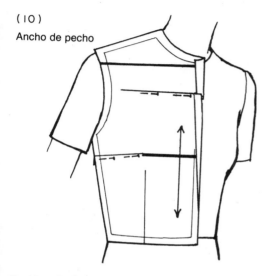

(10)
Ancho de pecho

Ancho de la espalda

Si el patrón parece tirante entre las sisas debe dársele una anchura extra. Puede añadirse un poco en el centro de la espalda cuando se corte, usándolo luego si es necesario, o si la tirantez se encuentra solamente en la sisa debe añadirse un extra en el borde de la sisa. Si el problema es serio el patrón debe cortarse hacia abajo desde el punto del cuello a la cintura y abrirlo (Fig. 11a y b).

3.8 Corrección de los bordes de los patrones

Siempre que usted haga una modificación del patrón probablemente perturbará la continuidad suave del borde del patrón. Esto puede ser serio si no se corrige, especialmente cuando hay pinzas implicadas, pues puede encontrarse con un hueco cuando vaya a coser la costura cercana.

(I) Alargamiento del patrón
Después de insertar papel extra y prenderlo o pegarlo en su lugar dibuje líneas rectas con una regla, los bordes curvados pueden llenarse con una suave curva dibujada a mano (Fig. 1). Recorte el exceso de papel.

(II) Acortamiento del patrón
Esto produce un escalón que debe ser alisado añadiendo un poco en un borde y quitando un poco del otro borde. Si la junta es recta (Fig. 2) coloque una regla a lo largo de la parte principal de la junta y dibuje una recta a través del papel doblado. Recorte el exceso de papel. Si la junta es curvada (Fig. 2), dibuje una curva a mano alzada siguiendo el recorrido general de la junta. Recorte el exceso de papel.

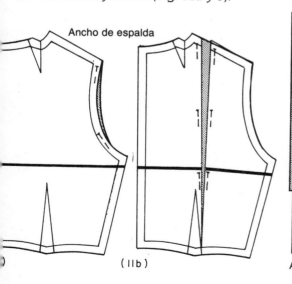

Ancho de espalda

(IIb)

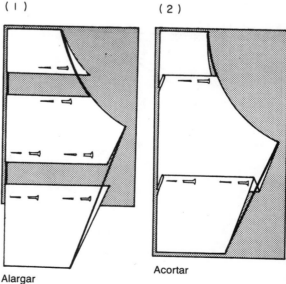

(I)

(2)

Alargar

Acortar

(III) Acortamiento o alargamiento de pinzas
Utilice una regla para trazar nuevas líneas desde la base de la pinza hasta la punta (Fig. 3a y b).

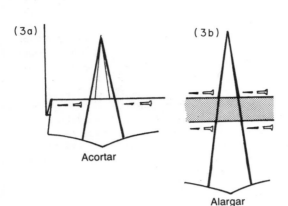

Acortar

Alargar

(IV) Pinzas movidas o cambiadas de tamaño
Prenda papel adicional debajo del borde del patrón (Fig. 4a). Doble la pinza y plánchela hacia un lado en la dirección en que irá cuando se cosa y acabe (Fig. 4b); esto es la pinza de pecho hacia abajo y todas las otras hacia el centro del delantero, o el centro de la espalda. Prenda la pinza firmemente y corte a lo largo de la costura para quitar el exceso de papel. Si el papel es elástico puede primero trazar una línea de guía pero debe

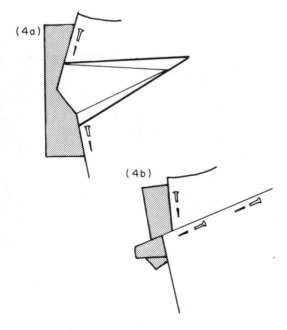

cortarse con el papel doblado. Quite los alfileres de la pinza y ábrala, verá que el extremo de la pinza tiene ahora su forma (Fig. 4c).

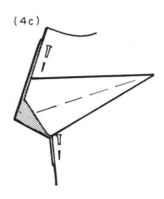

3.9 Preparación de la tela

Algunas telas necesitan preparación especial y trataremos de ello más adelante cuando se expliquen los usos recomendados. Todas las telas necesitan la preparación siguiente.

Textura

(I) Textura en telas tejidas lisas
Aunque los hilos de la urdimbre, que van a lo largo de la tela, sean paralelos al orillo y por ello son rectos, los hilos de la trama que van a través del ancho de la tela pueden no necesariamente estar en ángulo recto con ellos. A veces en el acabado el material es estirado y luego doblado y enrollado, quedando con ello curvados los hilos de la trama. A veces también en el almacén se corta torcido.

Enderece el extremo levantando un hilo con un alfiler y aflojándolo. No es necesario sacar el hilo por completo; si usted solamente lo mueve un poco a través de la tela dejará una marca, que usted conoce bien por algún golpe o enganchón accidental (Fig. 1a).

Si el material está muy desalineado no corte el triángulo que aparece, acaso lo encontrará usted necesario para cortar pequeñas piezas de la prenda. Hay otra buena razón para no quitar realmente el hilo, esta pieza puede siempre ser incorporada al dobladillo. Doble la tela de manera que el hilo de señal quede a nivel y ponga unos cuantos alfileres (Fig. 1b).

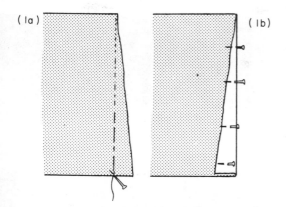

(Ia)   (Ib)

Alise el resto de la tela para ver si queda plana con los orillos juntos. Si no es así es que los hilos de la trama no están correctos y necesitará a alguien que la ayude a estirarlos enderezándolos. Abra la tela y agarre las dos esquinas opuestas en que la distancia es más corta. Estire y estire, como en un juego de la cuerda, hasta que la tela quede plana sobre la mesa (Fig. 1c).

Prenda con alfileres el extremo y los orillos y planche para asentar los hilos en su nueva posición. Puede necesitar un trapo húmedo o por lo menos una plancha de vapor para alisar bien las ampollas (Fig. 1d).

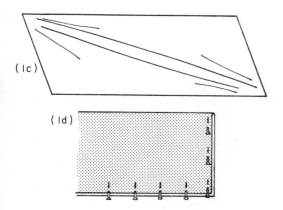

(Ic)

(Id)

(II) El hilo en los tejidos de punto lisos.
Utilizando un jaboncillo y una regla trace una línea a través del tejido siguiendo una línea de puntos. Esta puede ser difícil de ver pero tiene la misma construcción del punto hecho a mano. Doble y prenda con alfileres para comprobar que queda plano. El género de punto sintético es casi imposible de endere-

zar por estirado, pero corrientemente puede asegurar la rectitud del hilo en cada pieza de la prenda doblando la línea del extremo, alisando una zona pequeña colocando encima la pieza del patrón y cortando, volviendo a alinear el hilo, alisar y cortar otra pieza y así sucesivamente.

Con telas pegadas es improbable que la tela del revés siga el mismo hilo que la de encima por lo que debe asegurarse de enderezar, doblar y cortar, siguiendo solamente la cara del derecho.

Derecho de la tela

Revés de la tela

Encogido

Actualmente la mayoría de los acabados incluyen el preencogido, por ello no es probable de que usted se encuentre con este problema en una tela que tenga sobre ella el nombre del fabricante. Sin embargo todas las telas se tejen o anudan necesariamente bajo tensión y a veces con un material flojamente tejido e incluso en algunos géneros de punto, el sumergirlos por primera vez en agua, tiene el efecto de aflojar la tensión y hacer que las fibras se acerquen unas a otras. La longitud de las fibras permanece la misma por ello esto no es lo que conocemos por encogido. Incluso un vestido de Crimplene introducido para su primer lavado en una máquina automática, con lavado en caliente y centrifugado con suavidad, puede sufrir este tupido o acercamiento de las fibras. Incluso en los días actuales en que se espera lavar todo, de esta manera, puede evitar este inconveniente lavando suavemente a mano y secando por goteo y también planchando, en la primera parte de la vida de las prendas, y, de cualquier manera, seguramente éstas merecen un poco más de cuidado cuando son nuevas, que las sábanas, camisas y calcetines, especialmente cuando las ha hecho usted.

Si ha comprado un trozo de tela sin etiquetar en un puesto del mercado, y su tela es normalmente barata y si está completamente insegura sobre su futuro comportamiento, haga una prueba de su encogido. Mida un cuadrado de 15 cm en cualquier parte en el centro de la pieza y márquelo con hilvanes si

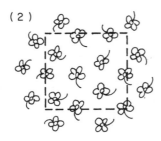

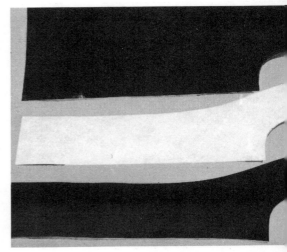

2. *Corte de entretelas (cortesía de Vilene Ltd.).*

va a lavar la tela, o con jaboncillo si es una pieza que usted sólo va a limpiar (Fig. 2). Luego lave esta zona, o plánchela con una muselina húmeda. Déjela secar y vuélvala a medir en ambos sentidos. Si hay cualquier cambio de medida hilvane los extremos y los orillos juntos y lave o planche en húmedo toda la pieza.

Finalmente si usted utiliza una tela de punto sintética y es propensa a los efectos de la electricidad estática, lave toda la pieza con un suavizante de telas, tal como el Comfort, antes de cortarla.

(III) Telas de sentido único

La mayoría de las telas con dibujo, excepto los dibujos uniformes, tales como listados o ajedrezados, deben cortarse en un solo sentido y a ello nos referiremos en un apartado posterior. Los tejidos lisos pueden cortarse con las piezas puestas en ambos sentidos, pero las telas de punto deben cortarse como material de un solo sentido. La construcción de punto implica que todos los bucles van en una sola dirección, como en el punto hecho a mano y esto produce un ligero sombreado, especialmente si la fibra es brillante. En algunas telas de punto se ve claramente que son de un sentido único.

3.10 Entretelas

Ciertas zonas de todas las prendas necesitan reforzarse para evitar que pierdan su forma durante el uso. El tipo de entretela utilizado es cuestión de elección individual y disponibilidad, pero es muy importante su peso. Si es excesivamente fuerte se notará porque esta parte de la prenda aparecerá diferente; si es demasiado ligero será ineficaz.

Se detallan los tipos específicos y grados de entretela para cada una de las telas recomendadas en el libro y las instrucciones de cómo usarlas y dónde colocarlas se incluyen en cada prenda.

Bondina-Vilene Ltd produce una serie de entretelas no tejidas, que están ampliamente disponibles y cuya recomendación se muestra en la tabla.

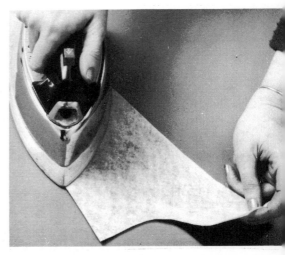

3. *Aplicación de entretela planchable (cortesía de Vilene Ltd.).*

Elección de la entretela correcta
Vilene de coser

Peso	Adecuado para	Lavado	Limpiado en seco
Ligero	Sedas, gasas, linón	Programa 4	√
Blando	Poliéster/algodón, lana ligera, poliésters medios	Programa 4	√
Medio	Algodón pesado, lana, hilo, telas de vestido de peso medio.	Programa 4	√
Pesado	Satén, brocado, algodón pesado, vestidos de novia	Programa 4	√

Vilene de planchar

Peso	Adecuado para	Lavado	Limpiado en seco
Transparente	Linón, gasas, chifón	Programa 8	√
Blando	Poliéster/algodón, telas ligeras para vestidos	Programa 4	No
Firme	Algodón pesado, lino, lana, telas medias para vestidos.	Programa 4	No
Super-drape (tensado)	Todos los tejidos de punto, lana, tweed.	Programa 4	√

3.11 Telas

Son adecuadas muchas telas lisas o de dibujos pequeños. Evite los dibujos grandes a menos que usted esté dispuesta a tomarse el trabajo y la cantidad extra de tela necesarios para encajar el dibujo en las costuras centrales. Si no tiene mucha experiencia evite los ajedrezados y listas.

Si la parte superior de su cuerpo es fuerte, puede hacer el cuerpo de un color oscuro y la falda más clara, o para disimular unas caderas robustas haga la falda oscura y la parte superior clara. No haga esto si usted es muy baja porque la hará parecer todavía más baja.

Telas recomendadas
Crimplene u otros géneros de punto de poliéster.
Género de punto Courtelle u otro género de punto acrílico.
Lanilla de rayón. Viyella.
Mezclas de rayón y algodón.
Poliéster y algodón.

Mercería
25 cm o un paquete de Vilene de peso ligero o medio.
2 bobinas de hilo Drima.
55 cm de cremallera de nylon.
Longitud de la cintura más 7,5 cm de cinturilla curvada.
5 cm de Velcro.
Unos pocos trocitos de Wundaweb.

3.12 Metraje y disposición de las piezas

La cantidad de material que necesitará depende del ancho de la tela y del tamaño de las piezas de su patrón. Hay por lo menos cinco anchos diferentes de tela normalizadas y según la que usted escoja puede tener que cortarla en una dirección, debido al tejido o al dibujo, o tendrá usted que casar ajedrezados y esto lleva material adicional.

4. *Un género de punto estirado (cortesía de Bernina Sewing Machines Ltd.).*

También hay muchos tamaños de patrones y después de haber hecho las modificaciones de longitud y anchura la cantidad de material necesario para cada caso individual varía considerablemente.

Después de calcular lo que haya utilizado para el vestido básico, anótelo para futura referencia. Cuando comience con las adaptaciones que se presentan en el libro, variará la cantidad, pero puede ser útil más tarde si ha anotado cuantos metros lleva cada uno.

La siguiente es una manera de calcular el metraje y la colocación sobre telas lisas, o que no requieran casar el dibujo, sobre el cálculo para dibujos y ajedrezados se da información adicional en los párrafos en que se recomiendan estas telas.

Preparación

Utilice una sábana vieja o una pieza de material muy barato o Vilene para hacer una guía. Prepare varios metros de esto, de por lo menos 165 cm de ancho. Si utiliza Vilene o material más estrecho únalo por el centro.

Utilizando rotuladores de diferentes colores, marque a lo largo de un borde cada 25 cm y trace en ella los anchos de tela desde 70 cm subiendo hasta 150 cm (Fig. 1). Algunas telas tienen 115 cm, así o bien una otra pieza o recuerde que hay ancho extra cuando extienda el patrón sobre ella.

Luego utilice esta pieza marcada para experimentar con las piezas del patrón. Ensá-

yelo plegada en dos, parcialmente plegada, abierta, etc. para encontrar la manera más económica de cortar.

Disposición de las piezas

No existe nada misterioso sobre la forma de disponer los patrones para cortar. Hay que comprobar tres cosas para cada pieza del patrón:

(I) ¿Está la linea recta del hilo del patrón sobre la línea recta del hilo en la pieza? Esta tiene que estar siempre que sea posible en la dirección del hilo.

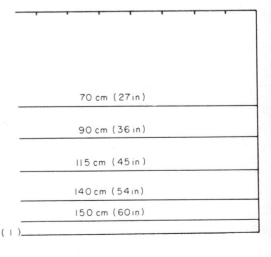

70 cm (27 in)

90 cm (36 in)

115 cm (45 in)

140 cm (54 in)

150 cm (60 in)

(1)

(II) ¿Tiene el patrón la marca DOBLEZ en algún sitio? Si es así debe ir sobre una pieza de tela doblada; una pieza pequeña puede doblarse después de que se han cortado las piezas principales.

(III) ¿Se ha de cortar en material doble o sencillo? Este patrón del vestido básico es fácil porque no hay dobleces que preocupen. Extienda las piezas del cuerpo y falda en el mismo sentido, si la tela es de punto o de un solo sentido o intercambiadas si la tela es lisa (Fig. 2a y b). Las vistas pueden siempre cortarse de los retales, pero si desea estar segura de que tiene bastante tela coloque también en posición sus patrones. Como el patrón se ha modificado para ajustar las piezas pueden estar cercanas entre sí.

(2a)   Tela con vello, pelo o dibujo en un sentido

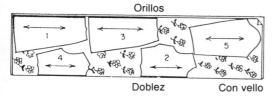

(2b)   Sin vello, pelo o dibujo en un sentido

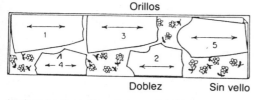

(ambos en dirección a lo largo del hilo)

3.13 Corte de la tela

Trabaje sobre una superficie grande plana y lisa

Para cortar es mejor doblar la tela con el derecho hacia afuera por distintas razones. Posibilita que se descubra un defecto y se evite a tiempo; puede verse con claridad cualquier dibujo regular tal como lunares, rayas, etc. y también incluso cuando es un dibujo general ayuda a poder colocar el patrón de manera que el dibujo quede equilibrado. Cuando trabaje con estampados grandes o ajedrezados, o cualquier dibujo que tenga que casarse cuidadosamente es esencial trabajar sobre el derecho, con la tela extendida, no doblada.

En otro tiempo se pensaba más seguro poner el derecho dentro para protegerlo y desde luego si está trabajando con un género liso y claro, como el que puede utilizarse para un traje de boda, puede sentirse más feliz haciéndolo así, pero pronto el derecho quedará al descubierto para coser la prenda.

(I) Extienda la tela doblada con el derecho hacia afuera y los orillos juntos pero no tensos. Para asegurarse de que está plana agarre el orillo de la parte superior y sacuda el material flameándolo y bajando rápidamente el orillo a su posición correcta.

(II) Si la tela tiene tendencia a resbalar coloque unos cuantos alfileres en el orillo. No utilice demasiados porque aumentará la probabilidad de cortar a través de uno con las tijeras, estropeando sus hojas.

(III) Junte los bordes en el extremo del corte y si es necesario sujételo con unos pocos alfileres. Alise la tela a través del pliegue y coloque unos cuantos alfileres. Si no puede tener toda la longitud de la tela sobre la mesa enrolle parte de ella mientras alisa el resto.

(IV) Coloque cada pieza del patrón aproximadamente en posición y manténgalas con algo encima, por ejemplo la caja de alfileres, las tijeras, la regla. Distribuya todas las piezas de esta manera para comprobar si todas caben.

(V) Prenda cada pieza en posición, alineando primero la línea de referencia del hilo del patrón con el hilo de la tela. Haga esto midiendo una distancia uniforme desde el orillo. Prenda el hilo recto con dos alfileres. Prenda el resto de cada pieza utilizando muy pocos alfileres. Colóquelos bien dentro de las líneas de montaje para asegurar que el borde del patrón permanezca plano, y clave los alfileres al bies de manera que la tela vaya bajo el prendido y no se levante.

(VI) Dé un último vistazo para comprobar que la dirección del hilo es correcta, los dobleces están sobre el borde doblado de la tela, etc. y luego corte.

La manera de cortar con la mayor precisión es con el patrón a la izquierda de las tijeras (o a la derecha si usted es zurda). De esta manera sus ojos están directamente encima del borde del patrón y así puede ver claramente la tela cuando corta, lo cual es de la

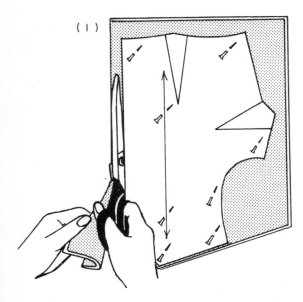

(1)

cortando. Cuando se corta es esencial dar vueltas y vueltas alrededor de la mesa. Las piezas pequeñas pueden moverse, pero no mueva toda la pieza de tela mientras tiene los patrones prendidos en ella.

Si su tela es adecuada y si tiene que quitar el patrón inmediatamente después de cortar, como por ejemplo, cuando se va a forrar, puede mejor trazar con jaboncillo alrededor de cada pieza en lugar de prenderlas con alfileres y separar el patrón totalmente para cortar.

Con tal de que utilice un jaboncillo afilado, trazos largos, rápidos y seguros con el filo del jaboncillo, no con la punta y utilice una regla para las líneas rectas, ésta es una manera mejor de cortar, porque los patrones no están por medio, puede trabajar más rápidamente y generalmente es mucho más agradable.

Para utilizar las tijeras de cortar correctamente apoye la parte plana de debajo sobre la mesa y levante ligeramente el mango para cortar. La hoja se mantiene sobre la mesa y se desliza a lo largo de ella. La gente que prueba las tijeras grandes levantándolas completamente y blandiéndolas en el aire, levantando las puntas hacia arriba, pensarán siempre que las tijeras son pesadas. De hecho están equilibradas cuidadosamente para utilizarlas en esta posición única y no sentirá ningún peso en absoluto. Esta es una razón por la cual deben reservarse para cortar y no utilizarlas para recortar u otros trabajos que se llevan a cabo cuando la tela se sostiene en la mano. Si no puede extender toda la longitud de la pieza de tela, prepárela parte por parte, poniendo unos cuantos alfileres en los orillos. Enróllela a medida que hace esto y luego coloque las piezas del patrón en posi-

mayor importancia. Esta posición significa también que no inclina su cuerpo de través o pone demasiado peso sobre las tijeras.

Corte con golpes largos utilizando tres cuartos de la longitud de la hoja. Corte cada vez justo hasta la punta de las tijeras. Si ha dejado un pequeño trozo por cortar abra las tijeras lo justo suficiente para hacer el corte. Esta es una habilidad que se adquiere bastante rápidamente una vez se sabe con lo que se está trabajando.

Cuando mueva las tijeras hacia adelante asegúrese de que introduce el vértice de las hojas abiertas exactamente en el corte de la tela para evitar un borde escalonado.

En las curvas abra las hojas ampliamente y talle alrededor de la curva gradualmente cerrando las tijeras. Nunca tijeretee alrededor de una curva. Si la curva se encuentra en una posición complicada, corte todos los otros bordes, luego corte recto a través de la curva, separe la pieza del resto de la tela y acabe el corte de la curva.

Mientras corta utilice la otra mano para levantar la tela. Se logra un corte mucho más limpio si la pieza realmente levantada por la hoja inferior se mantiene a esta altura, digamos 6 mm a 1,3 cm, mientras se corta. Esta mano se coloca ligeramente detrás de las tijeras, separando completamente la tela sobrante (Fig. 1).

Cuando alcance la esquina corte unos 6 mm más allá (Fig. 2) levante la tela sobrante recta hacia el lado dése la vuelta y continúe

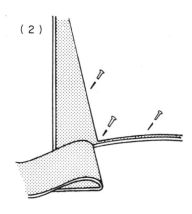

(2)

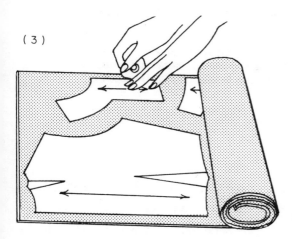

(3)

ción marcando ligeramente con jaboncillo a su alrededor en lugar de prenderlas con alfileres. Vuelva a enrollar la tela a medida que usted va avanzando (Fig. 3) y si cuando ha llegado al extremo han cabido las piezas satisfactoriamente, prenda y corte una pieza del patrón cada vez.

3.14 Marcado de las vueltas y pinzas

En el patrón hay una cierta cantidad de información que debe transferirse al material antes de quitar el patrón.

El método convencional utilizado por los sastres es el más eficaz porque es rápido, puede usarse con cualquier tela, señala ambas caras del material, permanece puesto tanto tiempo como desee y después se quita fácilmente sin señalar la tela. Sin embargo, creo que hay lugar para utilizar a veces otros dos métodos con ciertas telas y ciertas prendas, por eso incluyo aquí el marcado con papel carbón de modistería y el hilvanado de sastre a máquina.

Cualquier método que elija comience por marcar todas las piezas cortadas con doblez

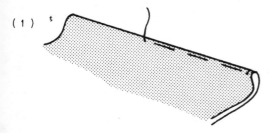

(1)

en la tela. Utilizando hilo de hilvanar pase una línea de hilván a lo largo del doblez levantando el borde de manera que pueda trabajar a lo largo de la parte alta del doblez y no haya riesgo de agarrar las dos capas en la aguja (Fig. 1)).

Hilvanado de sastre

A los incrédulos que murmuran que el hilvanado de sastre lleva mucho tiempo, les he cambiado siempre de actitud convenciéndoles para que ensayen este método, que es el único que los sastres han utilizado siempre, y que lo afronten resueltamente ya que hace su trabajo más rápido.

(I) Prepare el patrón. Si ya ha colocado los alfileres correctamente en posición para cortar, no interferirán en la manera en que va ahora a hacer el hilvanado; así que doble el patrón hacia atrás por la línea de costura y pliéguelo firmemente (Fig. 2), tijeretee todas

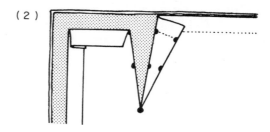

(2)

las curvas de manera que puedan aplanarse. Si el patrón está hecho de Vilene puede que fijar las esquinas con un alfiler. Para doblar hacia atrás las pinzas, corte el patrón a lo largo de un lado de la pinza. Como alternativa si usted ya ha probado su patrón básico y no ha de hacer más cambios importantes, es más satisfactorio cortar todos los márgenes de las vueltas y luego podrá hilvanar mucho más fácilmente. Si hace esto recuerde escribir con letras grandes en cada pieza del patrón que deben dejarse márgenes cada vez que se utilice el patrón.

(II) Enhebre la aguja, entre el número 5 o el 6, con una hebra larga de hilo de hilvanar y estírelo para doble, pero sin hacer nudo. No utilice nunca hilo de coser para esto porque los mechoncitos resbalarán saliéndose al manejar la prenda. El hilo de hilvanar es blando y peludo y los trocitos permanecen en la tela. También es muy poco satisfactorio utilizar un hilo solo, pues las dos piezas ancladas en el mismo sitio deben permanecer de forma segura en su lugar.

(III) Coloque el trabajo con los bordes en bruto hacia usted, y cosa tan cerca como le sea posible del borde del patrón (Fig. 3).

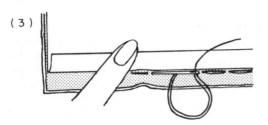

(3)

Tome con la aguja la cantidad más pequeña de tela que pueda empujándola con el dedo índice de su mano derecha y sin levantar el borde de la tela. Deje puntadas sobre la superficie de alrededor de 2,5 cm de largas, aunque sobre costuras largas y rectas pueden ser más largas. Al final del hilo simplemente corte y deje los extremos.

(IV) En lugares en que necesite marcas más cercanas para guiarla, haga puntadas más pequeñas, pero deje un pequeño bucle en la superficie (Fig. 4).

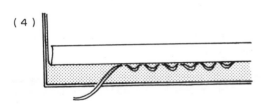

(4)

(V) En las pinzas encontrará útil hacer un hilván recto en la punta.

(VI) Trabaje de esta manera todo alrededor de cada pieza y luego, si hay alguna otra marca en el patrón que usted necesite, tal como la línea de centro si hay en ella un solape, doble el patrón otra vez hacia atrás de esta nueva línea y márquela (Fig. 5).

(VII) En los aplomos y otras indicaciones tales como la profundidad de la abertura del cuello, posición de la abertura de la manga,

enmangadura de la manga, cremallera, etc. haga un hilván de sastre en ángulo recto con la línea de la costura.

(VIII) Quite las piezas del patrón tijeretee todos los bucles de hilo (Fig. 6a).

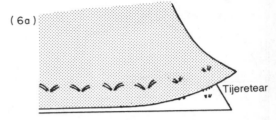

(6a)

Tijeretear

(IX) Siéntese de manera que el nivel de sus ojos sea más bajo y separe cuidadosamente las capas de tela y tijeretee cada hilo tan pronto como pueda verlos suficiente para hacer esto (Fig. 6a).

Separe las capas y podrá ver la figura exacta del patrón marcadas en ambas piezas por las dos caras. Sin importar lo cuidadosamente que haya hecho el corte puede ver que también es vital transferir estas señales por el bien de la precisión. Si se hace un hilván de sastre en un borde largo y recto y las marcas no se necesitan muy cercanas entre sí, haga cortos mechones de la manera siguiente:

Tome la primera puntada y luego dos o tres más a alguna distancia entre sí. Pase la aguja a la otra mano y tome unas tijeras de tamaño medio, estire el hilo ligeramente tenso y córtelo en el primer punto sobre la superficie por cerca de donde sale. Estire el hilo dejando un corto extremo saliendo en el punto siguiente, corte el hilo, estire, corte y así siguiendo. Haga solamente tres o cuatro puntadas a la vez (Fig. 6b).

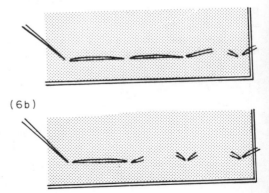

(6b)

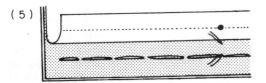

(5)

Los mechoncitos de hilo no se caerán; si los suyos se caen una de las siguiente cosas está mal:

(I) Las puntadas sobre la superficie son demasiado largas, con lo que después del corte dejan largos hilos arrastrando, los dedos, las tijeras, los enganchan y los estiran fuera.

(II) No usar el hilo de hilvanar correcto, los hilos de coser son suaves y brillantes y se resbalan fuera.

(III) Tomar demasiada tela sobre la aguja de manera que se hace la puntada en forma de «U» ancha la cual es suelta en lugar de apretada en forma de «V».

(IV) Utilizar una aguja demasiado gruesa. La aguja hace un agujero grande que no se llena con el hilo y éste se cae.

Papel carbón para modistas

No encuentro este método más rápido que el hilvanado de sastre, ni es más exacto. De hecho en algunas telas se ha de apretar muy fuerte y esto tiende a empujar la tela de encima a una posición diferente. Sin embargo, en prendas forradas hechas con telas opacas, no en las semitransparentes, puede marcar sólo el forro con papel carbón.

Necesitará una rueda metálica dentada de marcar (Fig. 7) y un trozo bastante grande de tablero aglomerado para proteger la mesa. Actualmente los paquetes de papel carbón sólo contienen azul, naranja y blanco; otros colores, como el rojo a menudo sangran y se extienden en la tela de encima. Use papel

(7)

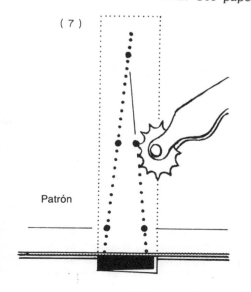

Patrón

blanco sobre las telas oscuras, y sobre las blancas use azul o naranja, o mezclas de blancos con éstos. Si sólo marca la tela del forro como le aconsejo, use papel naranja que es fácilmente visible. Las marcas blancas se muestran como marcas mates sobre las telas blancas, pero son difíciles de encontrar y perderán su objeto al entretener el trabajo mientras se buscan las marcas.

Si marca con papel carbón la tela exterior debe marcar sólo el revés; si está marcando el forro necesita las líneas en el derecho del material. Mientras con la tela exterior corta con el derecho hacia afuera, con las pocas excepciones mencionadas más adelante tales como el terciopelo, para los forros que se propone marcar con papel carbón, doble la tela para cortar el derecho dentro y así queda lista para marcar:

(I) Corte el papel carbón en tiras de unos 5 cm de ancho, o corte en dos las hojas pequeñas. Doble las tiras en dos con el carbón coloreado hacia afuera.

(II) Coloque la tela sobre el tablero y asegúrese de que descansa lisamente. Deslice el papel carbón entre las dos capas de tela. Si tiene que quitar algún alfiler, asegúrese de que la tela permanece plana cuando deslice el papel carbón.

(III) Pase la rueda de trazar presionando firmemente a lo largo de todas las líneas del patrón, dejando que las líneas se crucen en las esquinas y puntas de las pinzas para mayor exactitud. Quite el papel carbón y el patrón.

Si por cualquier razón tienen que cortar con el revés por fuera, utilice dos trozos de papel carbón colocando uno de cara abajo encima de la capa superior de la tela y otro de cara arriba debajo de la capa inferior.

Después de montar la tela sobre el forro marcado, habrá de transferir unas cuantas líneas que necesitará ver más adelante desde el derecho. Estas incluyen el dobladillo y la línea de cuello. Hágalo pasando una línea de hilván a lo largo de la línea de carbón, pasando los puntos a través a la tela de encima.

Hilvanado de sastre a máquina

Es útil si se tiene que marcar cantidad rápidamente, o para marcar patrones básicos en sábana o Vilene.

Ponga hilo de hilvanar en la parte de arriba de la máquina e hilo normal abajo.

Ajuste la máquina para un zigzag pequeño y a la puntada más larga posible. Levante la aguja hasta su punto más alto y coloque el pie de hilván de sastre, afloje la tensión superior, o saque completamente el hilo superior de su control de tensión. Pase el hilo hacia atrás del pie. Cosa alrededor de todas las piezas al lado del borde plegado del patrón. Saque el trabajo y corte los hilvanes entre las dos capas de tela. Estas instrucciones se aplican a la Bernina 830; para otras máquinas compruebe primero su libro de instrucciones.

3.15 Hilvanado

A veces la gente con un prisa desesperada sólo prende con alfileres las costuras antes de pasarlas a máquina, pero la capa superior del material siempre se mueve bajo la presión de empuje del pie de la máquina y toma muy poco tiempo más hilvanar correctamente. Además todo se tiene que probar y ajustar primero y es una cosa muy sencilla sacar, estirando, una línea de hilván.

Hilvando a mano
Utilice una aguja más larga que para la costura permanente; número 5 para telas gruesas y del número 6 para las finas. Enhébrela con hilo de hilvanar haciendo un nudo en el extremo, hilvane las costuras largas con la labor puesta plana sobre la mesa; sólo las piezas con forma deben levantarse para hilvanarlas. Coloque una pieza de tela con el derecho hacia arriba y con el borde cortado hacia usted y la otra con el derecho hacia abajo. Acomode la pieza de arriba en su posición, levantándola y sacudiéndola más que estirando arrastrándola. Con las telas que se enganchan puede ser necesario levantar y flamear toda la pieza varias veces, asentando el borde cortado bajándolo a la posición primero y dejando que el resto de la pieza caiga donde quiera. En estos bordes no debe haber estiramientos o arrugas o distorsión del hilo.

Iguale cuidadosamente las líneas de la costura y comience a hilvanar. No habrá necesidad de prender con alfileres excepto donde los patrones han de ser igualados (vea apartados más adelante).

Prenda una pequeña cantidad, aproximadamente 6 mm sobre la aguja, acomodando la tela sobre la aguja con el índice de su otra

(1a)

mano (Fig. 1a). El tamaño de la puntada que se deja sobre la superficie variará según la posición sobre la pieza y si se ha de probar, la tensión presumible en esta parte.

Por ejemplo si hilvana las juntas largas de una falda amplia, las puntadas pueden ser de 5 cm de largo, las costuras de los hombros y cuerpo no mayores de 1,3 cm y lo mismo sobre las mangas y los pantalones. Puede trabajar con un hilván con las puntadas desiguales, que es un compromiso entre las puntadas cortas y largas, dando alternativamente una larga y una corta (Fig. 1b). Cual-

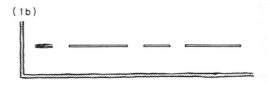

(1b)

quiera que sea la longitud de la puntada sobre la superficie, no tome nunca más de 6 mm sobre la aguja, porque esto es lo que sujeta las dos capas entre sí.

Remate el hilo con dos puntadas hacia atrás, pero no estire para apretar el hilo en este punto.

Géneros de punto o telas elásticas
Para asegurar que mantiene la medida dada en las costuras trabaje unos 15 cm de hilvanado, luego alise esta parte de material dejando que se tome por ella más hilo, hilvane otros 15 cm estírelos y así siguiendo.

Pinzas
Para hilvanar las pinzas levante el material y dóblelo de manera que pueda hacer coincidir las líneas punteadas. Ponga un par de alfileres a través de la pinza para sujetarla, uno hacia la mitad hacia abajo y otro justo por debajo de la punta. Si es posible hilvane a partir del borde cortado hacia la punta, rematando con una puntada hacia atrás. (Fig.

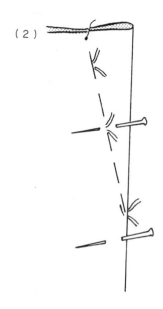

(2)

antes de comenzar a construirla y también para confeccionar patrones básicos de calicó, sábana o Vilene listos para probar y retocar.

Sacado de los hilvanes
Corte el punto atrás del final, agarre el nudo del otro extremo y estire. El hilo deberá salir fácilmente; si en algún sitio está sujeto por la costura de la máquina se romperá simplemente y no dañará la tela ni la costura. Si las puntadas han de quitarse una a una, utilice un punzón de hueso o plástico hecho especialmente para esto, nunca la punta de las tijeras.

Los hilos de hilvanar que se sacan sin romperse en toda su longitud pueden volverse a utilizar.

3.16 Armado y forrado

Que se ha armado una pieza significa que, después de cortadas, cada pieza se ha hilvanado sobre otro material de respaldo y las dos capas se han manejado como una sola. Por otra parte un forro es una forma separada hecha a partir de los mismos o parecidos patrones, colgada en el interior de la prenda cuando está casi acabada y que se fija en varios puntos de ella. La razón para forrar es permitir que la prenda resbale fácilmente sobre otras ropas y es por ello usado en abrigos y chaquetas. Con la mayoría de las otras prendas es mejor armarlas, aunque si se utiliza una tela blanda, tejida flojamente, para un abrigo puede armarse primero para sostenerla y luego forrarla para comodidad.

2). Esto es así porque el final del cosido a máquina vendrá justamente sobre la punta de la pinza y es difícil quitar un nudo o una acumulación de hilo de debajo del cosido a máquina, justo sobre el pliegue.

Si la pinza está al bies de la tela, trátela de la misma manera que los géneros de punto y estírela antes de rematar el hilo.

Dirección del hilvanado
Trate de hilvanar en la dirección en que finalmente pasará a máquina. Esto asegura que no haya un ligero cambio en la costura.

Hilvanado a máquina
Muchos tipos de máquinas de coser, por ejemplo la Bernina, pueden ajustarse rápidamente para hilvanar o picar. Se utiliza una aguja de ojo más grande que el normal, ajuste la puntada a media o grande, según la tela. Emplee hilo de coser. Prenda primero la unión colocando alfileres a su través, cosa recto hacia ellos antes de quitarlos.

Use el hilvanado a máquina para costuras largas, especialmente si tiene que coser varias, pero las zonas con forma tales como sisas, costuras curvas, o cuando es fácil que haya que añadir, hilvane a mano. El hilvanado a máquina es también muy útil cuando simplemente desee ver el efecto de una idea

Razones para armar
Proporcionar apoyo a la tela de encima reducirá considerablemente las arrugas en el uso, y en el caso de faldas o vestidos ajustados evitan también la deformación al sentarse. Cuanto más pesada es la persona más tensión produce en la tela al usarla, por lo que armarla es una gran ventaja. La persona muy delgada que compre siempre materiales caros de alta calidad, no ha de armar por razones de esfuerzos o apoyo de la tela, pero puede sin embargo, querer hacerlo porque toda la silueta es más esbelta y bien formada y el ajuar permanece más tiempo con aspecto reciente y nuevo. La tela armada es más fácil de coser, el deslizamiento de las costuras es menos probable, se elimina el

fruncido, el planchado es más fácil porque las huellas de las costuras son menos probables. Tampoco los dobladillos se muestran nunca porque el cosido se toma sólo en la armadura.

Las prendas armadas viajan mejor porque se arrugan menos, tanto en el equipaje como usándose.

Telas que necesitan armarse

Aunque todos los materiales pueden confeccionarse solos, los siguientes darán mejor resultado si se arman:

(A) Tejidos de lana flojos, mohair blando y angora.
(B) Rayones blandos que pueden arrugarse.
(C) Algodones delgados blandos.
(D) Telas de lino o imitaciones tales como el Moygashel.
(E) Brocado o seda que pueden arrugarse o tienden a colgar en pliegues pegados al cuerpo.
(F) Telas traslúcidas que necesitan hacerse opacas para que las costuras, etc. no se vean.
(G) Géneros de punto sintéticos tales como el Crimplene o nylon o género de punto Tricel, no para evitar las arrugas sino para disminuir la posibilidad de subirse y pegarse debido a la electricidad estática.
(H) Cualquier tela barata puede mejorarse increíblemente armándola, porque se comportará como una tela mejor no como una tela barata.

Prendas que necesitan armarse

Hay que considerar dos cosas. Primero, si está utilizando una tela que no se comportará como usted desee en una sola capa, debe armarla cualquiera que sea la prenda. Los ejemplos bajo este encabezamiento pueden incluir el chifón, lino o lanas muy blandas y abiertas del tipo tweeds de Bernat Klein. Segundo, si está haciendo una prenda cuyo estilo produce una tensión en la tela, debe armarla. Ejemplos de esto incluyen todas las prendas muy ajustadas tales como vestidos y faldas.

En cada prenda que haga debe decidir según la tela si armarla o no, pero unos cuantos ejemplos de qué armar y qué partes armar, son los siguientes:

(a) Conjunto de lana. O bien arme todo el conjunto y ponga también el forro suelto, o bien arme la falda y forre la chaqueta.

(b) Vestido de Crimplene. Si tiene problemas con la electricidad estática arme toda la prenda.
(c) Vestido de lana. Arme para evitar las arrugas pero si es demasiado pesado fórrelo o use una blusa.
(d) Blusa de nylon. Corrientemente no se arman las blusas porque tienen un ajuste suelto, pero pueden forrarse el delantero y la espalda del cuerpo si no se necesita ver a su través.
(e) Vestido de noche de chifón. Arme el cuerpo para sostenerlo y ponga forro suelto en la falda amplia para tener su ondulación.
(f) Vestido de algodón. Arme el cuerpo y la falda para sostenerla pero no por las mangas.
(g) Mono de género de punto. Armelo si la tela es débil y ligera, pero si es de Courtelle, Crimplene, etc. no lo arme ni forre.
(h) Blusón y pantalón de género de punto Crimplene u otras fibras sintéticas. Monte únicamente el blusón para reducir la electricidad estática y permitir que resbale sobre otras ropas, pero los pantalones serían demasiado abultados si se arman.
(i) Pantalones. Corrientemente estos no se arman, aunque si utiliza una tela ligera, ciertamente el armarlos los mejorará. Puede tener que montar algodones de sábana, espumilla, chifón, etc. y también puede armar pantalones de rayón cepillado, Viyella, crepe, etc., pero cualquier tejido pesado se hará probablemente demasiado voluminoso.
(j) Faldas. Todas las faldas rectas y de línea en A deben armarse y también las faldas plisadas si se hacen de algodón, rayón o telas arrugables.

Hay algunas telas que no se pueden armar nunca, tales como los materiales acanalados y plisados.

Telas para armar

El éxito del armado depende de la elección correcta de la tela de sostén y puede ser éste un factor decisivo. Si no puede comprar un forro adecuado, o si no está segura de qué utilizar, es mejor no hacerlo.

A veces las personas se quejan de que las ropas armadas dan calor, lo cual me sorprende hasta que veo la cantidad de ropa interior que llevan. El forro puede sustituir a una blusa y encuentro las ropas de verano mucho más frescas porque se mantienen separadas del cuerpo. Creo que esto es una excusa porque después que la gente se ha convertido al armado, se encuentran automáticamente ellas mismas considerando este punto de vista cuando compran la tela y escogen su contextura de acuerdo con ellos. La otra excusa es que se tarda más de hacer la prenda y en las ocasiones en que he puesto a los alumnos a trabajar con el fin de refutar esto, se han asombrado de que tardasen solamente una hora más en hacerlo.

Desde luego armar es más caro, aunque en la mayoría de los casos elimina el coste de forrar, pero si se acaba con un ajuar más duradero seguramente vale la pena.

Lo recomendado para armar las principales telas es:

(a) Utilice linón de algodón, Vincel/algodón o cualquier algodón blando y delgado para armar lana, tweed, lino, viyella, rayón cepillado, algodón y aterciopelados y también es mejor afirmar la seda pura sobre ellos que sobre seda.
(b) Utilice crepe ligero de Terylene u otra tela débil tejida lisa, para armar telas traslúcidas o semitraslúcidas, tales como el Tricelón, espumilla, crepe.
(c) Utilice la misma tela para armar chifón, linón, etc. o una versión lisa de ella, si arma un estampado con dibujo de cualquier tipo.
(d) Utilice género de punto de nylon para armar todas las telas de punto, tales como Crimplene, punto acrílico, Courtelle, punto de nylon, punto Tricel.
(e) Utilice género de punto de rayón de acetato que es más elástico, para armar telas elásticas, toalla elástica, género de punto de algodón y género de punto de acetato.
(f) Use solamente tela de forros convencional si desea un efecto de deslizamiento bajo una bata, vestido o falda hechos de una lana para trajes, franela o género para trajes de Terylene o Trevira, etc. si lo prefiere a un forro suelto; utilice solamente un forro de buen rayón.

Compre la tela primero.
Compre su tela y téngala cuando compre el forro, colóquela encima sobre distintos forros para sentir su efecto. El material de encima debe ser sostenido, pero su carácter no debe ser eliminado por un forro fuerte u opuesto. Debe ser más ligero de peso a menos que deliberadamente desee algún otro efecto, yo he puesto satén crema debajo de una organza listada blanca y plata.

Compre la misma cantidad de material para la armadura a menos que omita alguna parte, tal como las mangas y en cuyo caso compre 50 cm menos para mangas cortas o 70 cm menos para mangas largas.

Si localiza un suministrador de las telas más utilizadas para el armado, es útil comprar una gran cantidad para su uso futuro.

Color
Si la tela es transparente o calada debe encontrarse un color adecuado para el armado, pero con telas sólidas puede usarse el blanco, para la mayor parte de las cosas, lo que resulta más económico que comprar trozos cortos.

Encogido
Actualmente la mayoría del material de precio razonable se preencoge como parte del acabado, pero si tiene duda y la fibra es rayón o algodón, lave y planche toda la pieza antes de cortar.

Electricidad estática
Ayuda a eliminar la electricidad estática lavar completamente la pieza de género de punto de nylon y también la pieza de tela de encima sintética, con un suavizante de tela, tal como el Confort, antes de cortar.

Después de confeccionadas continúe lavando las prendas con uno de estos suavizantes.

Cómo armar
Armar la prenda es el primer proceso:

(I) Corte la tela de encima y luego, sin quitar los patrones, coloque cada pieza sobre el material a armar. Colóquelas con las líneas del hilo correctas y distribúyalas como hizo para la tela de encima. El peso de la pieza con el patrón prendido se sostendrá hacia abajo sin poner más alfileres, así corte alrededor de cada pieza.
(II) Corrientemente no es necesario armar las vueltas, cuellos, puños y otras piezas, así que en esta etapa corte solamente armaduras para las partes principales de la prenda. Si más tarde decide armar las otras partes, posiblemente porque un estampado o las vueltas se ven a través, o porque encuentra que se portan muy diferentes cuando

(1)

Armado

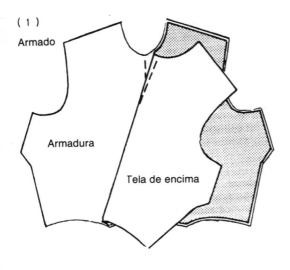

Armadura

Tela de encima

están armadas, pueden entonces cortarse fácilmente de los trozos sobrantes.

(III) Ojee las piezas cortadas y marque cualquier doblez, por la línea de centro del delantero donde la tela se ha cortado con un doblez. En la tela de encima haga esto en toda la longitud de la pieza del patrón y en el forro sólo en 2 a 5 cm en la parte alta.

(IV) Trabajando sobre una sola pieza a la vez, para evitar confusión, quite el patrón de la tela principal. Abra la correspondiente pieza de forro con el revés hacia arriba. Coloque la tela de encima con el revés hacia abajo, alineando los bordes rectos y casando los hilvanes a lo largo del centro si existen (Fig. 1). No deberá haber necesidad de prender y desde luego es desaconsejable levantar la tela con alfileres, excepto en unos pocos casos en que se utilizan telas con pelusa o resbaladizas, en cuyo caso ponga suavemente dos o tres alfileres.

(V) Enhebre su aguja con un trozo largo de hilo de hilvanar. Utilice una aguja del tamaño normal medio, de grosor adecuado para hilvanar la tela de que se trata; cuanto más fina sea la tela más fina debe ser la aguja. Use hilo de hilvanar porque es blando y no señalará el trabajo cuando se saca tirando. Si trabaja sobre terciopelo, chifón de seda o satén deberá usar un hilo más fino, como un número 50 Harks Anchor de bordar a máquina, pero no use nunca hilo para cosido permanente para hacer el armado.

(VI) Comience en el centro de la pieza, en el borde más cercano a usted y trabaje una línea de puntos de picado subiendo por el centro hasta el borde más alejado (Fig. 2). Tome la aguja a través del cuerpo prendiendo 1,3 cm o así sáquela por la izquierda, desplácela hacia arriba y ligeramente a la derecha y vuelva a introducirla a aproximadamente 5 cm por encima de la primera puntada. Utilice el índice de su otra mano para empujar la tela sobre la aguja cuando sale, para evitar levantar el trabajo de la mesa.

(2)

Picado

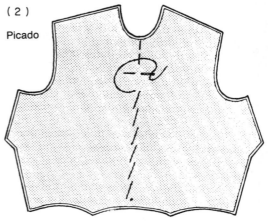

(VII) No ponga muy tenso el hilo. Si al final de una fila puede ver que la tela está fruncida en algún punto, corte el hilván en ese punto para soltarla.

(VIII) Comience otra fila desplazándose sencillamente al través y trabajando hacia abajo en la dirección opuesta. Al acabar el hilo saque la aguja hacia afuera dejando suelto el extremo del hilo. Sujetarlo tiende a fruncir la tela (Fig. 3).

(IX) Después de trabajar desde el centro hacia afuera en un lado, vuelva a la mitad y recubra el resto de la pieza.

(X) Trabaje hasta 1,3 cm aproximadamente de todos los bordes cortados y cuando acabe el hilo en estos bordes haga un punto atrás para sujetarlo. Esto evitará que las capas se separen al manejarlas.

(XI) Pique todas las piezas de esta manera. El picado debe permanecer en posición hasta que la prenda está bastante acabada.

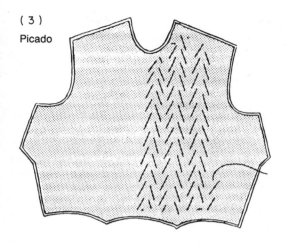

(3)
Picado

Marcado de las vueltas
Vuelva a colocar el patrón y préndalo en posición. Marque todas las pinzas y vueltas con hilván de sastre o papel carbón.

Confección
Ignore ahora completamente el hecho de que está trabajando con dos capas y proceda a confeccionar la prenda. Se utiliza todo el proceso que se aplica a una sola tela. Por ejemplo si las pinzas son abultadas deben cortarse abrirse y plancharse.

Las vueltas en la línea del cuello etc., van siempre con capas y la armadura se trata como una capa más. Las costuras y las vueltas del dobladillo se cortan y esto se hace tanto si la prenda está armada o no. El dobladillo del bajo es más fácil de manejar porque puede plancharlo con una línea de pliegue más blanda y las puntadas no son propensas a verse. Las costuras pueden plancharse sin temor porque hay una capa más de tela para evitar que se vean marcas a su través. Los bordes en bruto se pulen según la tela de encima, corrientemente bien sea con sobrehilado o con punto de zigzag. Si la tela de encima es especialmente blanda, o propensa a deshilacharse, encontrará que el armado tiende a mantenerla firme y así el pulido es más fácil de hacer.

Quitado de los hilvanes
Antes del planchado final agarre cada nudo y tire suavemente. La mayoría de las hebras saldrán fácilmente si encuentra cualquier resistencia corte y tire de nuevo.

Si trabaja sobre satén, terciopelo o cualquier tela brillante, será aconsejable no hacer ningún planchado firme sobre el cuerpo de la prenda hasta que se hayan quitado los hilvanes. De hecho si la prenda es de distintas partes quite el picado tan pronto como una pieza esté completa. Por ejemplo quite el picado entre el cuello y la unión de la cintura tan pronto como el cuello esté terminado y las mangas puestas; en una falda larga cuando sólo quede por hacer el dobladillo del bajo quite todo el picado excepto unos 30 cm de la parte baja.

3.17. Orden de confección

(I) Pinzas.
(II) Costura central del delantero, costura central de la espalda.
(III) Costuras de los costados, cuerpo y falda.
(IV) Costura de la cintura, costura de los hombros.
(V) Abertura del cuello y cremallera.
(VI) Mangas.
(VII) Largo del dobladillo.

El vestido debe probarse y ajustarse y comprobar cualquier variación entre cada una de las etapas anteriores.

Hilvanado para la prueba
(I) Hilvane las pinzas del cuerpo, la costura central de la espalda y las costuras de los costados y hombros. Pruebe.
(II) Hilvane las costuras y pinzas de la falda. Pruebe.
(III) Hilvane el cuerpo y la falda. Pruebe.

3.18. Vistas y entretela

Vistas del cuello

Delantero
(I) Prenda la línea del cuello del patrón básico sobre papel.
(II) Trace el cuello y el hombro, continúe hacia abajo en el centro del delantero 22 cm. Esto da para una profundidad de abertura más de 5 cm; la profundidad real se ajusta en la prueba (Fig. 1).
(III) Quite la pieza del patrón. Marque 1,5 cm de vuelta dentro de la línea alrededor del cuello, en el frente y el hombro (Fig. 2).

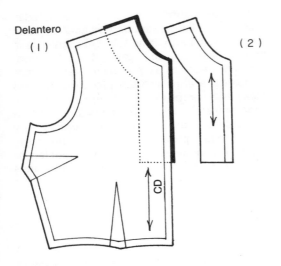

Delantero
(1)

(2)

CD

(IV) Utilizando una regla o marcador, dibuje la parte interna de las vistas de 5 cm de ancho, medidos desde la línea de prueba. Esto deja 6 mm del borde exterior para pulir. Recorte. Marque la línea del hilo.

Espalda
(I) Pliegue y prenda la pinza de cuello del patrón de la espalda del cuerpo.
(II) Colóquelo sobre el papel y préndalo, manteniendo plana la curva del cuello. Dibuje el cuello, el hombro y hacia abajo en el centro de la espalda (Fig. 3).

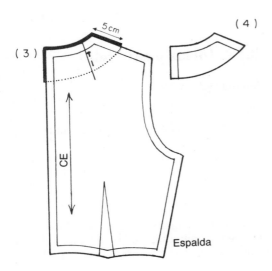

(3)

5 cm

(4)

CE

Espalda

(III) Quite el patrón. Marque las vueltas y mida 5 cm de vistas todo alrededor. Marque la línea del hilo. Recorte. (Fig. 4).
(IV) Préndalo sobre tela doble, casando el hilo, y corte.

Entretela del cuello
Fíjela en la prenda después de marcar las vueltas, etc. Utilice el patrón de las vistas de la prenda para cortar la entretela. Doble la entretela por la mitad y corte piezas para el cuello de la espalda y del delantero y la abertura central, haciéndolas ligeramente más estrechas que el ancho de las vistas (Fig. 5).

Coloque cada pieza con la cara granulada hacia abajo sobre el revés de la prenda. Haga esto sobre su tabla de planchar, apoyando el resto de la tela para evitar que estire

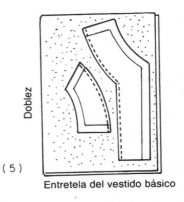

Doblez

(5)

Entretela del vestido básico

el cuello. Arréglela en posición y planche con plancha de vapor, o si utiliza una plancha seca ancle las piezas planchando y luego péguelas más firmemente, planchando otra vez con un trapo húmedo y la plancha un poco más caliente.

Cualquier método que prefiera planche solamente desde unos 2,5 cm de los bordes hacia adentro, no planche sobre el borde cortado del Vilene en esta etapa, el resto se pegará gradualmente a medida que avance el trabajo y el planchado.

3.19. Prueba para el ajuste

Si se prueba usted misma lo encontrará más fácil si hilvana la costura de la espalda correctamente hasta arriba y deja abierta la costura central del delantero. Luego puede usted prender ésta sobre usted misma con bastante precisión. Doble por debajo uno de los bordes en la línea de ajuste, solápelos sobre el otro borde y préndalo con alfileres. Coloque los alfileres horizontalmente, o de lo contrario el delantero tenderá a subirse y hacerse más corto (Fig. 1).

(1)

Prendido del CD

Permanezca perfectamente quieta y comience por notar las zonas manifiestas de tirantez o flojedad. Vuélvase de lado y mírese en el espejo, manteniéndose aún quieta volviendo solamente la cabeza. Para ver la vista de espalda, trate de apoyar otro espejo encima de una silla, aunque si usted cose será mejor tener un par de espejos dispuestos permanentemente.

También puede encontrar más fácil, si lo hace sobre sí misma, probar la prenda con el revés por fuera, de manera que pueda prender el exceso de tela o deshacer el hilvanado de las costuras apretadas y asegurarse así de que el ajuste es exacto. En el caso que tenga un costado distinto del otro, haga la prueba del derecho antes de coser a máquina.

Mientras que si le hace la prueba otra persona puede deshacer una costura y volverla a prender bastante exactamente sobre usted, cuando se prueba a sí misma a menudo es mejor colocar solamente un alfiler como guía

tomando nota mental de la modificación exacta que se necesita, hasta donde usted puede juzgar, por ejemplo 6 mm a todo lo largo de una costura o quizás nada en la sisa y aumentando hasta 1,5 cm en la cintura. Quítese la prenda y haga rápidamente la modificación, utilizando alfileres solamente si duda acerca de ella, vuélvasela a poner para ver si ha mejorado. Trabajando de esta manera cada zona, podrá finalmente quitarse la prenda y rehilvanar todas las modificaciones antes de volvérsela a probar previamente a coserla a máquina.

Qué llevar para la prueba

Aún cuando usted no acabe de llegar del peluquero llevando un jersey o un vestido abotonado. Es la posibilidad de estropearse el cabello o el maquillaje lo que lleva a las personas a reducir el *número de pruebas*, no tanto el esfuerzo de desnudarse. Los días calurosos de verano yo uso un biquini para coser y las prendas van encima para probarlas. Pero use siempre los zapatos adecuados porque afectan la postura. Casualmente descubrirá cantidad de cosas más acerca del ajuste y de la manera en que las telas se comportan, si prepara varias prendas a la vez y las prueba todas.

No hay un número específico de pruebas para una prenda. Cada una debe probarse tan a menudo y suficientemente para lograr un ajuste satisfactorio. Haciendo un patrón básico, inicialmente, podrá reducir considerablemente el número de pruebas necesarias para los artículos subsiguientes hechos con el mismo patrón.

Pinzas

(I) Pinzas de pecho
La forma producida por la pinza debe ser suficiente para el pecho; permitiendo también el movimiento del brazo. La pinza debe terminar a 1,5 cm de separación de la punta real del pecho o se limitará el movimiento (Fig. 2a). En un tipo delgado o esbelto, la pinza puede llegar más cerca, pero en una persona más voluminosa puede ser más cómodo acortar la pinza.

Si el abultamiento de la tela es insuficiente para el pecho, debe hacerse la pinza un poco más ancha en la base (Fig. 2b). Si hay demasiada forma y el pecho no la llena, la pinza debe hacerse más pequeña en la base (Fig. 2c).

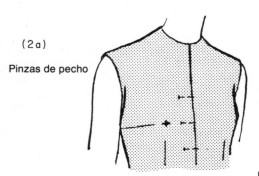

(2a)

Pinzas de pecho

La punta de la pinza puede ser subida o bajada, de manera que quede al mismo nivel que el punto del pecho (Fig. 2d). Para hacer esto deshaga el hilván casi hasta la base de la pinza y vuelva a hacerlo yendo a un punto en la posición correcta. Si la punta de la pinza ha de moverse más de aproximadamente 1,3 cm, deshaga entonces la totalidad de la pinza y una parte de la costura del costado y vuelva a prenderla desde una nueva base más alta o más baja, según se necesite.

Punto de pecho a 1,3 cm del fin de la pinza

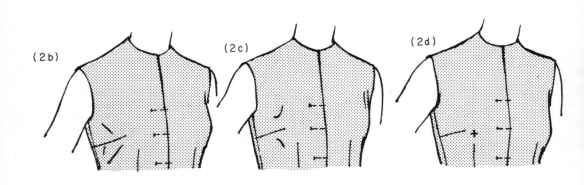

(2b)　　　(2c)　　　(2d)

Correcciones

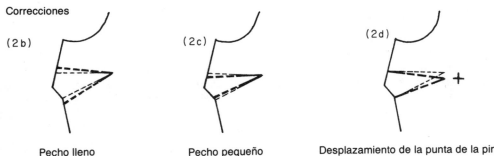

(2b)　　　(2c)　　　(2d)

Pecho lleno　　　Pecho pequeño　　　Desplazamiento de la punta de la pinza

- - - - - - -   Línea de ajuste original

▬ ▬ ▬ ▬ ▬   Línea de ajuste nueva

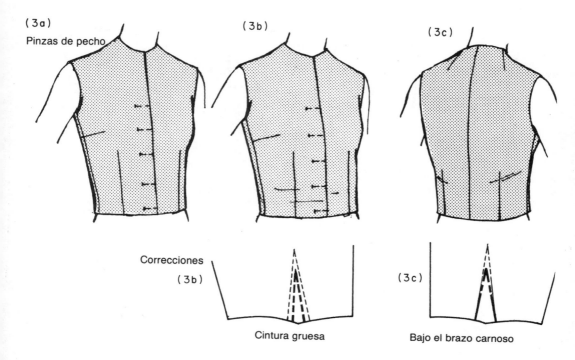

(3a)
Pinzas de pecho

(3b)

(3c)

Correcciones
(3b)

Cintura gruesa

(3c)

Bajo el brazo carnoso

(II) Pinzas de la cintura del cuerpo

Las pinzas del delantero deben ir hasta debajo del pecho pero no demasiado cerca de él. (Fig. 3a). Sobre una figura con la cintura alta o el pecho bajo, tendrá mejor aspecto si son bastante cortas. Sobre una figura de cintura ancha reduzca el ancho de las base de la pinza (Fig. 3b). Las pinzas de cintura deberán solamente hacerse más anchas en la base para una figura con el pecho lleno y la cintura pequeña.

Las pinzas de la espalda deben subir hasta la parte más ancha de la espalda. En una figura con la cintura gruesa, o una llena debajo de los brazos y a través de la espalda, estas pinzas deben ser bastantes cortas.

(III) Pinzas de hombro

En el patrón básico la pinza de hombro se ha colocado cerca de la punta del cuello, en una posición que está a medio camino entre una pinza de cuello y la pinza corriente de hombro. Esto producirá la forma que se necesita para quienes tienen las espaldas redondeadas o aquellas con paletillas salientes. Sin embargo, como con todas las pinzas, éstas no deben tener exceso de tela o bolsas que queden vacías, examine por ello cuidadosamente la espalda mirando si hay bolsas de

material. Con una espalda severamente curvada, o cuello de espalda, puede ser mejor desplazar toda la pinza a la línea de cuello. Para un tipo con el centro de la espalda plano pero con las paletillas bastante separadas (a menudo esto se da con los hombros cuadrados) desplace la pinza a lo largo y sobre la costura del hombro (Fig. 4).

Para desplazar la pinza deshaga el hilvanado, alise la tela sobre esta zona agarre el exceso doblándolo en la posición necesaria, préndalo formando punta. Cuando pruebe esta zona en particular, es importante mover los brazos, pues estas pinzas deben permitir también la facilidad de movimiento. Una tirantez puede a veces indicar que las pinzas no están en la mejor posición para la figura.

Pinzas de hombro

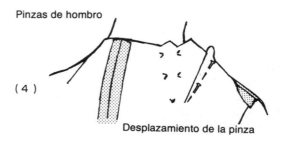

(4)

Desplazamiento de la pinza

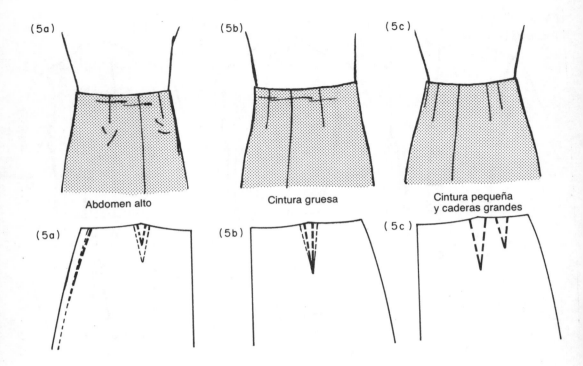

(5a) (5b) (5c)

Abdomen alto   Cintura gruesa   Cintura pequeña y caderas grandes

(5a) (5b) (5c)

(IV) Pinzas del delantero de la falda
Si la falda parece tirante sobre el estómago pero la tela forma bolsas más abajo, acorte las pinzas unos 2,5 cm y haga a la vez más pequeña la base (Fig. 5a). No aumente el ancho de la pinza en la cintura para reducir su medida, para este problema en particular debe meter en las costuras de los costados (Fig. 5a).

(V) Pinzas de espalda de la falda
Estas tienen una función doble, la de reducir la cintura y también proporcionar suficiente forma para el movimiento del trasero. La figura de cintura gruesa es fácil de ajustar pues las pinzas pueden reducirse en ancho (Fig. 5b), pero es más difícil ajustar una figura de cintura pequeña y caderas grandes. Aumentar el ancho de la pinza en la base se traduce corrientemente en un aspecto poco atractivo de reloj de arena, por lo que es mejor colocar una segunda pinza (Fig. 5c).

(VI) Pinza del codo
Esta pinza se utiliza para dar forma a una manga y permitir el doblado del brazo. Si es demasiado ancha en la base, la manga parecerá levantarse y estar demasiado alta o demasiado baja, la espalda del vestido se sentirá tensa e incómoda. Compruebe la posición doblando el brazo y vea donde cae la pinza con el brazo en esta posición.

Las costuras

(I) Costura del centro de la espalda
Note cualquier tirantez o flojedad y suéltela y vuelva a prenderla. En el patrón básico esta costura es recta, pero en algunas figuras puede dársele forma, metiéndola en la cintura y también un poco en el cuello (Fig. 1a). También puede sacarse ligeramente en el dobladillo del bajo (Fig. 1b). Para una espalda que sea estrecha a la altura de las paletillas, meta en la costura de espalda a todo lo largo para evitar alterar el hilo y luego saque las costuras de costado para compensar (Fig. 1c).

(II) Costura del centro del delantero
Esta costura puede ajustarse para las figuras con pecho ancho, o estrecho y también para pecho hundido (Fig. 2a). Suelte el hilvanado y vuelva a prenderlo pero como en el centro

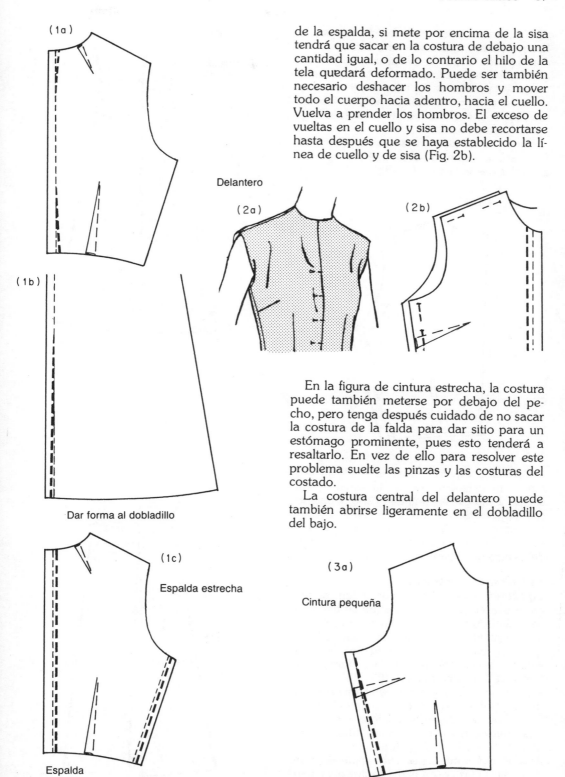

(1a)

(1b)

Dar forma al dobladillo

(1c)

Espalda estrecha

Espalda

Delantero

(2a)

(2b)

(3a)

Cintura pequeña

de la espalda, si mete por encima de la sisa tendrá que sacar en la costura de debajo una cantidad igual, o de lo contrario el hilo de la tela quedará deformado. Puede ser también necesario deshacer los hombros y mover todo el cuerpo hacia adentro, hacia el cuello. Vuelva a prender los hombros. El exceso de vueltas en el cuello y sisa no debe recortarse hasta después que se haya establecido la línea de cuello y de sisa (Fig. 2b).

En la figura de cintura estrecha, la costura puede también meterse por debajo del pecho, pero tenga después cuidado de no sacar la costura de la falda para dar sitio para un estómago prominente, pues esto tenderá a resaltarlo. En vez de ello para resolver este problema suelte las pinzas y las costuras del costado.

La costura central del delantero puede también abrirse ligeramente en el dobladillo del bajo.

(III) Costuras de los costados del cuerpo
Estas deben ajustarse tan cerradamente
como pueda tolerar la que lo use. La holgura
exacta necesaria dependerá de la tela que se
utiliza y también de la talla de la persona,
pero un cuerpo demasiado holgado tendrá
problemas con el asentamiento en la manga
y su uso será incómodo.

Para una cintura gruesa saque las costuras; para una cintura pequeña éntrelas, desli-
zándolas desde la sisa (Fig. 3b).

(3b)

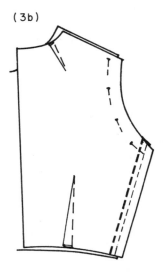

Para una espalda estrecha suelte la costura y meta solamente en la espalda, volviendo a marcar la línea de la sisa. Unas pocas mujeres tienen una gran caja torácica o
diafragma lo cual necesita sacar solamente el
delantero y puede usarse también la costura
del centro del delantero.

(IV) Costuras de la falda
Equilibrio: Estas deben colgar en ángulo
recto con el suelo. Si la costura se balancea
hacia el frente, levante la falda en la cintura
en la espalda, prendiendo un pliegue hasta
que la costura quede recta (Fig. 4a). Si se ba-
lancean hacia atrás levante la cintura por el
frente de la misma manera (Fig. 4b).
Ancho: Seguidamente mire si el ancho es correcto. Si hay exceso de tela préndala por
fuera, bien sea de arriba abajo o, en caso de
una figura recta o rectangular, sólo por debajo de las caderas (Fig. 4c).
Muslos: Si los muslos son voluminosos, trate
de sacar de las costuras del centro del delan-

(4a)

Costura
de la falda

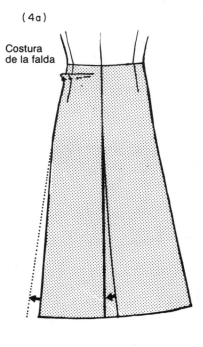

(4b)

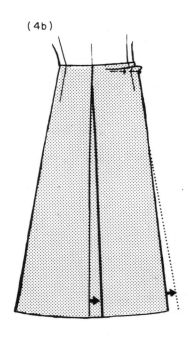

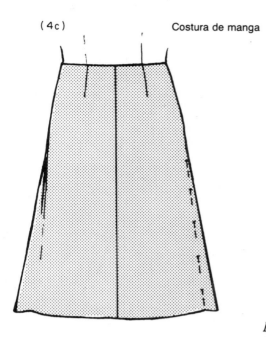

(4c)

Costura de manga

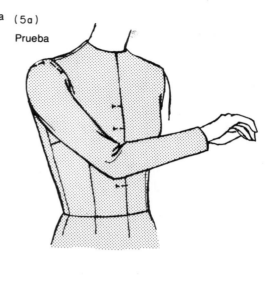

(5a)

Prueba

tero y de la espalda, más que de las costuras del costado, esto destacará menos el bulto.

Profundidad de las caderas: Si la falda parece apretada desde la cintura hacia abajo, hasta las caderas, levante toda la falda prendiendo un pliegue todo alrededor de la cintura. Este debe ser una adición a la modificación del equilibrio (Fig. 4d).

Brazo regordete: El patrón ha sido modificado para tenerlo en cuenta, pero puede ser necesario sacar la costura aún más por encima del codo (Fig. 5d).

Antebrazo musculoso: Enderece ligeramente la costura desde el codo al puño.

Muñeca pequeña: Incline hacia adentro en los 13 centímetros de abajo de la costura.

Finalmente asegúrese de que la mano se desliza fácilmente a través del puño.

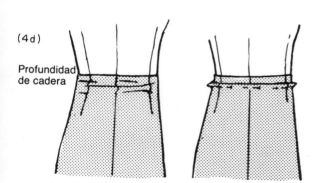

(4d)

Profundidad de cadera

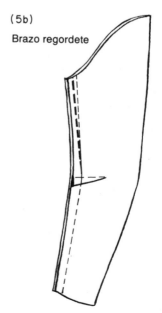

(5b)

Brazo regordete

(V) Costura de la manga

Ajuste esta costura deslizando la manga sobre el brazo, anclándola con unos pocos alfileres sobre la enmangadura y doblando el brazo. Debe sentirse confortable pero no debe tener excesiva anchura. Ajústela más apretadamente en tela de punto que en tejido (Fig. 5a).

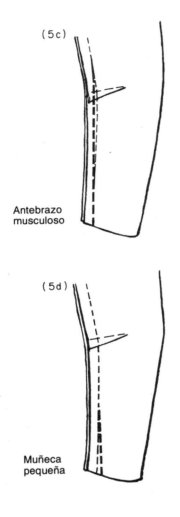

(5c)

Antebrazo
musculoso

(5d)

Muñeca
pequeña

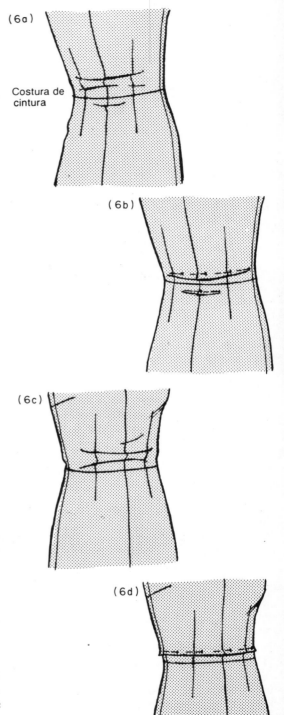

(6a)

Costura de
cintura

(6b)

(6c)

(6d)

(VI) Costuras de la cintura y los hombros
Trabaje sobre ambas en la misma prueba
porque se afectan una a otra.
Cintura hundida: Observe si hay pliegues de
tela a través de la espalda. Pueden estar en el
cuerpo o en la falda o en ambos (Fig. 6a).
Prenda el exceso de tela llevando la modificación a cero en las costuras del costado
(Fig. 6b).
Talle corto: Si hay un sobrante de tela todo
alrededor o posiblemente sólo en el delantero, encima de la cintura, prenda un pliegue
para levantar la línea de cintura (Fig. 6c y d).

La unión de la cintura debe ir alrededor de
la figura en el punto más cómodo del usua-
rio, teniendo al mismo tiempo en cuenta sus
defectos de figura. Una persona con el talle
corto tratará de usar su línea de cintura un

Costuras de los hombros

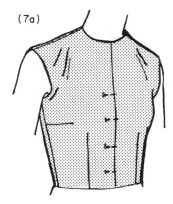

(7a)

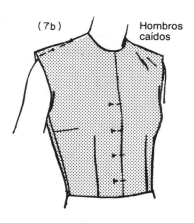

(7b)

Hombros caídos

si se tuviesen que subir, ensaye subir la costura del hombro y vea si toma mejor aspecto y se siente más confortable.

Levantando sólo el hombro de la espalda quitará los pliegues de la cintura y debajo del brazo de la espalda; levantando el del delantero quitará el exceso del delantero y también puede quitar cualquier abertura en la sisa.

También puede aplicarse lo contrario: si la unión de la cintura es irregular, o demasiado alta, pruebe ajustando la costura de hombro.
Hombros caídos: Debe levantarse la costura del hombro, corrientemente tanto en la espalda como en el delantero, en el borde de la sisa pero no en el cuello (Fig. 7b). Habiendo hecho esto puede encontrar necesario sacar un poco de la costura del centro de la espalda. El delantero corrientemente no queda afectado porque las clavículas sobresalen y sostienen la tela.
Hombros cuadrados: Suelte la costura del hombro en el borde de fuera dejándola unida en el extremo del cuello y vuelva a prenderla levantando la costura en el borde de la sisa y tomando un poco en el cuello (Fig. 8a).

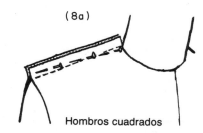

(8a)

Hombros cuadrados

Pecho hundido: Incluso aunque se haya metido en la costura del centro del delantero, puede ser necesario levantar el exceso de tela en esta zona en la costura del hombro. Levante sólo el delantero (Fig. 8b).

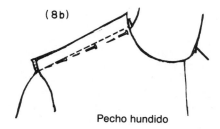

(8b)

Pecho hundido

poco por debajo de su cintura natural; una figura de talle largo parece más equilibrada si la línea de cintura es alta. La persona de piernas cortas trata de alargar su falda teniendo la línea de cintura más alta; si la línea natural de cintura es irregular corrientemente es mejor tratar de disfrazar el hecho. Por ejemplo una cintura hundida en la espalda, significa corrientemente una línea de cintura hundida y si se ajusta exactamente la junta de cintura resaltará la cintura irregular. Asegúrese de que la prenda es confortable bajándola ligeramente, pero disimule el defecto no hilvanándola demasiado baja.
Hombros: Los pliegues de la tela, que se describen en los primeros dos puntos de este apartado son causados a veces por hombros caídos o por una figura corta entre el cuello y el sobaco. Si la sisa y las pinzas parece como

Espalda larga: Si el vestido queda levantado en el centro de la espalda, suelte las costuras de los hombros en el cuello y vuelva a prenderlas (Fig. 8c).

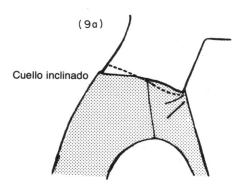

(9a)

Cuello inclinado

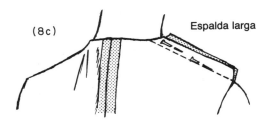

(8c)   Espalda larga

Línea del cuello

Es difícil de establecer la línea del cuello, y para ello es una ayuda medir un vestido ya existente y partir de él, incluso aunque se sepa que es demasiado alto o demasiado bajo. Algunas con un cuello delgado y recto desearán probablemente la línea del cuello más alta y apretada, que algunas con el cuello de base ancha y corto; algunas personas con la vértebra superior saliente gustan de un cuello bajo en la espalda que no corte a través de ella. Muy a menudo también no son el centro del delantero o el centro de la espalda los que son demasiado bajos, sino simplemente que la línea del cuello necesita ser más alta en los lados.

Examine la figura desde un lado, algunos cuellos se inclinan hacia adelante y en consecuencia la línea del cuello del delantero necesita solamente bajarse un poco, pero la de la espalda permanece la misma, o incluso necesita levantarse un poco (Fig. 9a). Una figura muy derecha, con los hombros mantenidos hacia atrás, puede producir una línea de cuello que es demasiado ancha en la espalda pero tira en los lados. En este caso suelte las costuras de los hombros un poco y meta la costura del centro de la espalda (Fig. 9b).

Finalmente, sobre las líneas de cuello, yo he hablado a menudo sobre vestidos que «se me suben y me ahogan» acompañando la cuestión con dibujitos humorísticos. Esta no es una cuestión de modificar la línea del cuello en sí misma, sino una cuestión de equilibrio, o el delantero es demasiado largo o la espalda es demasiado corta. También si las pinzas de pecho son demasiado largas o si el vestido está tirante a través del pecho, esto

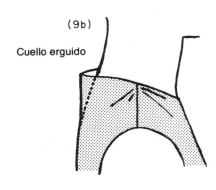

(9b)

Cuello erguido

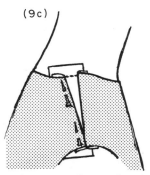

(9c)

Línea de cuello que ahoga

puede hacer el desplazamiento hacia arriba mucho peor. La forma más clara de ver el problema, es ponerse un vestido que haga esto, manteniéndose en posición normal y pedir a alguien que deshaga una costura de hombro y suba el delantero más arriba, dejando la espalda abajo, esto crea una abertura en la parte del hombro. Prenda un papel o tela adicionales aquí, quítese el vestido y verá claramente qué parte necesita añadirse y qué parte necesita acortarse en el futuro, antes de cortar (Fig. 9c).

Longitudes

Manga: Con mucho es una cuestión de elección, pero en general la persona que tiene brazos cortos prefiere una manga más corta y a la persona con brazos largos le gusta que le llegue bien abajo sobre el puño. Manténgase con los brazos colgantes hacia abajo para decidir sobre la longitud.

Falda: Esta depende hasta cierto punto de la moda y aunque esto puede ayudarla a determinar una longitud concreta y trabajar en ella, la longitud puede variar según el estilo. Por ejemplo una falda amplia de algodón/Terylene debe ser un poco más larga que una falda recta de tweed.

El borde del bajo debe de estar a una distancia uniforme del suelo, independientemente de una cintura hundida, un pecho prominente o cualquier otra característica.

Marcado de un bajo con ayuda: Puede comprar un marcador de bajos, o puede fijar una regla a un bloque sólido de madera con un par de tornillos (Fig. 10).

Póngase los zapatos adecuados y permanezca quieta sobre un suelo liso, no sobre una alfombra gruesa peluda.

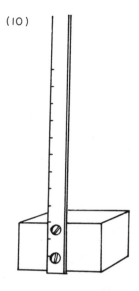

(10)

Marcador de dobladillo

4. Pantalones básicos

Pantalones: Hombrillo recto, sin pinzas
Pernera recta Cremallera al costado

Con este patrón he tratado de superar algunos de los problemas que parecen presentarse en todos. A menudo he encontrado que las pinzas, que se utilizan en parte para disimular la cintura, y en parte para dar forma a la parte inferior, pueden parecer poco atractivas, especialmente en el delantero, y producir una forma excesiva. Para modificar la figura meto en las costuras lo cual destaca las caderas y los muslos.

El otro defecto que se ha presentado siempre en casi todas las que he probado, es la flacidez y flojedad. Con frecuencia he sentido que debería tomar una costura horizontal alrededor de los pantalones para elevar las lorzas excesivas. Por ello en este patrón he eliminado las pinzas y he puesto una costura curva, dando así una línea de cintura más suave y proporcionando también un punto de apoyo útil para levantar los pantalones. Esta costura de hombrillo está bastante alta para no resaltar las caderas, de hecho, por el contrario, proporciona un detalle interesante que dirige la vista hacia arriba. Si es esbelta y usa blusas por dentro de la cintura la costura se ve atractiva, mientras que si normalmente disfraza su cintura cuando usa pantalones, llevará por fuera de todos modos una camiseta o chaqueta.

La parte delantera de la costura de la entrepierna es recta, con sólo una ligera curva (si esta parte se ahueca demasiado produce arrugas horizontales), la costura de detrás se parece al perfil de una pata trasera de perro, pero ésta es la forma que he usado para todas durante bastante tiempo. Esta costura de la trasera debe ir en gran parte sobre la entrepierna para permitir que la tela se estire cuando mueva las piernas hacia adelante, por lo que la he curvado hacia adentro en la cintura, para darle un efecto atractivo y esbelto y luego otra vez hacia afuera para dar anchura en la cadera y finalmente ahuecar en la entrepierna, para eliminar los pliegues curvos, pero subiendo de nuevo para dar un bonito ajuste alto en la entrepierna. También he extendido la horquilla trasera para que se acomode a las que son gruesas de delante y atrás y también para muslos voluminosos. Esto puede entrarse si la pernera queda demasiado ancha en este punto.

La pernera es recta y bastante esbelta y puede fácilmente dárseles forma desde la línea de las caderas si necesita más acampanada. La longitud de la pernera es bastante larga, porque casi todos los pantalones necesitan subirse al principio y así habrá aún bastante para la vuelta.

4.1. Tipos de figuras

No muchas mujeres pueden presumir de tener un tipo perfecto para llevar pantalones, por ello aplicaremos las mismas reglas que para las otras prendas, las de disimular. Para obtener un efecto más esbelto utilice ropas lisas de colores oscuros; use arriba una prenda a juego para parecer más alta (Fig. a) o una prenda en contraste para parecer más baja (Fig. b). Si sus caderas son estrechas utilice un color más claro, pero puede disimular un busto grande con una prenda oscura arriba (Fig. c). Sólo use arriba prendas de lunares si desea destacar su cintura (Fig. d). Una persona baja puede parecer más baja aún con pantalones con un chaquetón largo, será mejor dirigir la atención a los hombros para añadir altura (Fig. e). Si usa una prenda sobre los pantalones para cubrir las caderas y muslos voluminosos, ajústela ligeramente en el busto y la cintura, o incluso llévela con cinturón para evitar un aspecto completamente rectangular (Fig. f). Si sus piernas son cortas evite prendas largas arriba, usando por el contrario camisas remetidas o chaquetillas hasta la cintura (Fig. g), o si necesita cubrir un bulto lleve la chaqueta justo llegando a él y también más suelta en este punto que los pantalones.

4.2. Telas

Actualmente me limito casi totalmente a las telas de punto para los conjuntos con pantalón, aunque a veces la mezclo con telas tejidas para la prenda superior, porque sobre mi figura no puedo sencillamente lograr un ajuste suave ceñido alrededor de las caderas, muslos y cintura, en una tela tejida y también me encuentro más cómoda. Parece que a

(a)   (b)   (c)   (d)

(e)   (f)   (g)

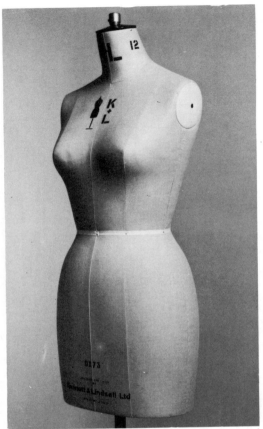

5. *La mujer promedio (cortesía de Kennett and Lindsell Ltd.).*

menos que usted tenga una silueta esbelta y huesosa, con no mucho que mover cuando camina, probablemente encontrará que la holgura que debe dejar para moverse se mostrará como flojedad en una tela tejida. Sólo uso tejidos para pantalones de noche de perneras muy anchas, o en faldas pantalón en las que el estrechamiento comienza en la entrepierna en el interior de la pernera y justo por encima de la cadera en el exterior. En éstos, debido a la anchura de la pernera y el estilo, elijo una tela ligera.

Si tiene problemas de ajuste con los pantalones puede por lo menos hacer pantalones usables de género de punto con espacio para moverse. Si cree que esto es muy limitado, dé un vistazo alrededor y puede que quede

sorprendida de la variedad de telas en género de punto respaldadas. Después de todo puede incluso comprar género de punto de terciopelo.

Las telas recomendadas no se limitan desde luego al género de punto, porque hay mucha gente que no presenta problemas para los tejidos.

Mucha gente se queja de que pierde la raya del pantalón. No existe tela que pueda resistir este esfuerzo y movimiento constante sin dar señales de ello, y si usted pierde la raya después de un uso considerable puede sentirse feliz. Si ha utilizado una tela con la que ha encontrado dificultad para marcar la raya de alguna manera, la tela debe evitarse en el futuro. Debe aceptar que, como todas las prendas, se arrugan y necesitan volverse a planchar y necesitan lavarse o limpiarse, e incluso más a menudo que otras prendas.

Los pantalones pueden armarse para reducir su tendencia a arrugarse, pero esto los hace bastante voluminosos en la zona de la entrepierna y pueden ser también demasiado calurosos.

Recomendaciones sobre las telas

Es aconsejable utilizar tela de punto, especialmente para su primer par, pues los pantalones de tejido son más difíciles de ajustar. Elija un punto firme de lana o sintético que no se dé demasiado a lo ancho.

Cosa con Drima que puede «darse»; con una puntada media no demasiado corta y un ligero zigzag para evitar que las costuras estallen. Pula los bordes cortados con un zigzag pequeño o justo, recórtelos pulidamente.

Planche con la plancha a calor medio sobre un trapo húmedo. Al levantar el trapo las vueltas de las costuras se rizarán hacia arriba, así que planche de nuevo, luego reemplace el trapo húmedo por uno seco y planche otra vez hasta que la tela quede plana. Si utiliza una plancha de vapor abra las costuras con ella y luego utilice la plancha sobre el trapo mojado, siguiendo con la plancha de vapor sola otra vez. Deje que el trabajo se enfríe completamente antes de moverlo.

Las rayas de los pantalones se marcarán planchando una y otra vez con la plancha a calor medio y el trapo húmedo, acabando con el trapo seco. Las rayas no desaparecerán, ni incluso en el lavado, aunque de vez en cuando necesitarán replancharse.

Tela

1,5 metros (o 1,25 metros si es baja y delgada).

Mercería

Un carrete de hilo Drima, para los bajos, una cremallera oculta de 20 o 24 cm, 7,5 cm de velcro.

4.3. Realización del patrón

Haga el patrón de sus pantalones utilizando papel para coser, siguiendo el diagrama que se muestra.

Es útil tomar unas cuantas medidas y comprobarlas con el tamaño del patrón, pues hay algunos ajustes que puede hacer antes de re-

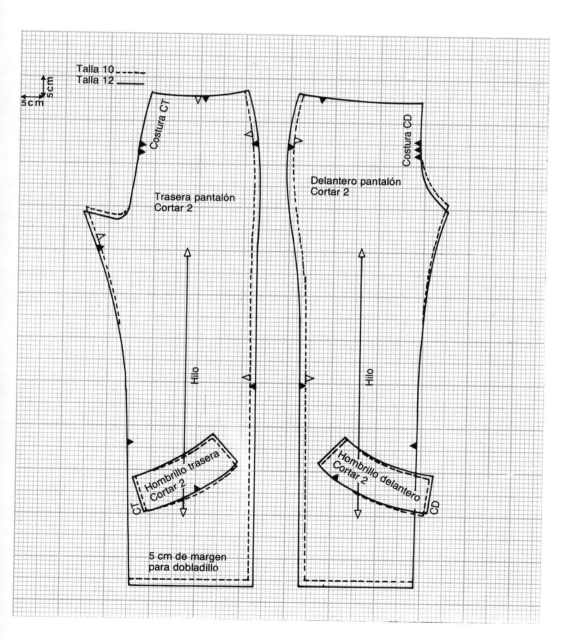

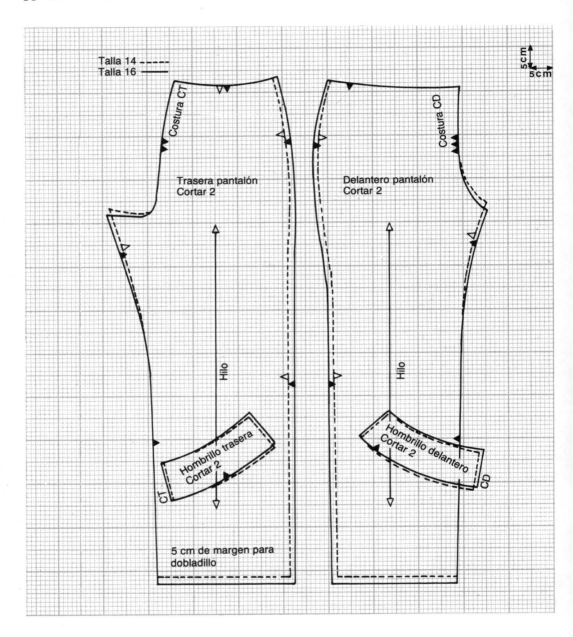

Talla 14 ------
Talla 16 ———

Costura CT

Trasera pantalón
Cortar 2

Hilo

Hombrillo trasera
Cortar 2

CT

5 cm de margen para
dobladillo

Costura CD

Delantero pantalón
Cortar 2

Hilo

Hombrillo delantero
Cortar 2

CD

5 cm
5 cm

cortarlo. Sin embargo con los pantalones encontrará que algunos problemas no se muestran por sí mismos hasta que se los prueba, y es probable que después de su primer par tendrá que ajustar el patrón aún más antes de que quede satisfecha. De hecho si usted ha encontrado ya problemas de ajuste de los pantalones aparentemente insolubles, mire entonces su primer par utilizando este patrón como completamente experimental; no necesariamente para terminarlo y usarlo, a menos que sea para trabajar en la jardinería (si es suficientemente amplio). Use un trozo de tela sobrante que ya no le interese; no utilice sábana o calicó porque no tienen suficiente caída, lo cual es el casi todo en los pantalones; de cualquier manera se verán tan horrosos en sábana que no deseará ir más allá con el ajuste.

4.4. Comprobación del patrón

Prenda los patrones de los hombrillos con los de las perneras, superponiendo las vueltas para costura.

(I) Largo de entrepierna

Tome la medida del interior de la pierna desde la entrepierna hasta el tobillo, si usted tiene un par de pantalones con la longitud correcta mida la costura (Fig. 1.1). Compárela con la longitud de la costura interior de la pierna en el patrón, dando 5 cm para el dobladillo y 5 cm más para el caso de que haya de levantarse al ajustar. Si el patrón es mucho más largo acórtelo plegando a la altura de la rodilla.

(II) Largo en el exterior de la pierna

Mida desde la cintura hasta el tobillo y compruebe el patrón (Fig. 1.2). Si el patrón es demasiado corto añada uniformemente en toda la cintura (normalmente debe ser una cantidad muy pequeña), si el patrón es demasiado largo déjelo tal como está y quite de la cintura o de la costura del hombrillo al ajustar.

(III) Muslos

Mida ambos muslos (en caso de que uno sea mayor que otro) en la parte alta, casi a nivel de la entrepierna (Fig. 1.3). Mida a través de ambas piezas del patrón, omitiendo los márgenes para costura y dejando 4 cm de holgura. Si es demasiado grande no lo modifique hasta la etapa de prueba y ajuste. Si es demasiado pequeño añada un poco en la costura de costado en caso de necesitarse, pero añada 2,5 cm en la horquilla, en el delantero y en la trasera. Para hacer esto alargue la costura de la entrepierna siguiendo la curva de la misma y yendo hacia abajo sobre la costura interior de la pierna 1,5 cm por debajo.

(IV) Tiro

Esta medida es más difícil de comprobar con precisión, por que depende en gran manera de la conformación de la figura y del movimiento que se produce al caminar, pero por lo menos dará una idea de lo que puede encontrar cuando vaya a probar para el ajuste.

Pase la cinta de medir entre sus piernas, desde la cintura por delante hasta la cintura por detrás. Ponga los patrones juntos y mida

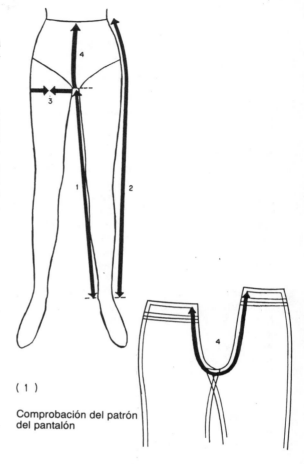

(1)

Comprobación del patrón
del pantalón

la costura de entrepierna. Aquí no se necesita holgura pues se ha dejado bastante en la costura (Fig. 1.4). Si la costura es demasiado larga no haga nada hasta que haga la prueba, pues no puede decir si ha de acortar en la cintura por delante, por detrás o en ambos sitios (o a nivel de entrepierna). Si es demasiado corta extienda la horquilla, tanto en el delantero como en la trasera del patrón en la misma forma que para los muslos gruesos. Puede ser que ya haya añadido algo para los muslos, pues estas dos cosas van a menudo juntas, si es así no necesitará añadir mucho a la longitud de la costura de la entrepierna.

Estas comprobaciones no revelarán todos los defectos, ni harán que los pantalones ajusten, pero por lo menos sabrá que los cortará suficientemente anchos y suficientemente largos, lo cual le posibilitará ajustarlos.

Corte del pantalón

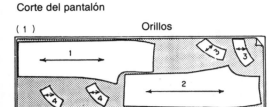

4.5. Corte

Coloque las piezas del patrón sobre tela doblada con el hilo correcto yendo a lo largo de
la pernera. No corte nunca pantalones a través del ancho de la tela. Las dos piezas del
patrón pueden estar invertidas si el material
es de dos sentidos, pero en los dibujos de un
solo sentido, estampados, telas con pelo y todos los géneros de punto deben cortarse con
la tela yendo en la misma dirección en todas
las piezas. Coloque en posición las piezas de
la hombrilla, casando las líneas de hilo con el
hilo de la tela (Fig. 1). Prenda el patrón en
posición o fíjelo con algunos objetos pequeños. Corte y marque todas las vueltas, marque la línea delantera de entrepierna, desde
la horquilla a través hasta la costura de costado. Esto debe hacerse con hilván de sastre
pues necesitará verla desde el derecho.

Si aprecia que necesita mantener al mínimo el abultamiento en la cintura, o si em-
plea una tela gruesa haga las vistas de los
hombrillos con tela de forro, lino de algodón,
popelín u otro tejido ligero, en vez de cortar-
las otra vez con la tela encima.

4.6. Confección

Orden de confección de los pantalones
(I) Hilvane los hombrillos a las perneras.
(II) Hilvane las costuras de costado dejando
23 cm abiertos en la cintura.
(III) Hilvane las costuras interiores de las
perneras. Planche.
(IV) Pruebe una pernera.
(V) Hilvane la costura de entrepierna.
(VI) Pruebe y ajuste.
(VII) Tome las perneras separadas y cosa a
máquina y termine las costuras de los hom-
brillos y del interior y del exterior de las per-
neras. Planche.
(VIII) Ponga la cremallera si va en la costura
de costado.

(IX) Déle la vuelta e hilvane los dobladillos y
bajos.
(X) Hilvane la costura de entrepierna.
Pruebe.
(XI) Cosa a máquina la costura de entre-
pierna. Ponga la cremallera si va en el centro
del delantero.
(XII) Fije las vistas en la cintura.
(XIII) Acabe los dobladillos de los bajos.
Planche.

Hilvanado para la prueba
(I) Abra y separe los delanteros de las perneras y colóquelos con el derecho hacia arriba.
Coloque los hombrillos delanteros en posición, con el derecho hacia abajo, case las líneas de ajuste e hilvane las costuras de los
hombrillos (Fig. 1).

Hilvanado para prueba

Derecho de la tela

Revés de la tela

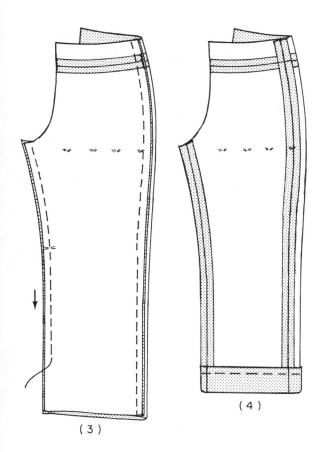

(3)

(4)

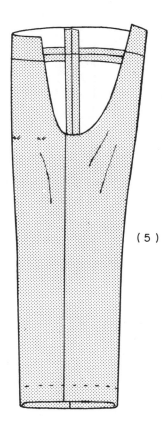

(5)

(II) Hilvane los hombrillos de detrás y las traseras de las perneras.

(III) Tienda las traseras de las perneras sobre la mesa con el derecho hacia arriba y coloque sobre ellas los delanteros con el derecho hacia abajo. Levante y case las costuras de los costados. Hilvane desde la cintura al bajo. Deje 23 cm abiertos desde la cintura en el costado izquierdo de la pernera (Fig. 2).

(IV) Desplace por encima la pieza delantera del pantalón de manera que casen las costuras interiores de las perneras. Hilvane desde la entrepierna al bajo (Fig. 3).

(V) No puede comenzar a probar los pantalones si arrastran por el suelo, así que vuelva hacia arriba los dobladillos y sujételos con una línea de hilván de puntada larga (Fig. 4).

Planchado

Las rayas deben marcarse antes de la prueba, mejoran la apariencia y también la caída es mejor. Los pantalones caen mejor si las costuras interiores de las perneras están ligeramente hacia adelante. Esto lleva la costura de costado más atrás, lo cual la mantiene oculta a la vista cuando los pantalones se ven desde delante.

(I) Doble cada pernera con el derecho hacia afuera, con la costura interior a 1,3 cm más hacia delante, que la costura de costado de la pernera.

(II) Disponga las costuras en posición en el bajo y asegúrese de que continúan separadas correctamente a 1,3 cm en la entrepierna. No trate de alisar toda la pernera. La figura del interior de la pierna en la entrepierna será como más llena en esta zona y cuando planche se dará cuenta de esta dificultad; de cualquier manera las arrugas se alisarán (Fig. 5).

(III) Es mucho más fácil planchar sobre una mesa, o superficie suficientemente grande para que quepa toda la pernera, pero si usted tiene que utilizar la tabla de planchar, coloque la parte de abajo de la pernera sobre la tabla y doble la parte de la cintura sobre ella,

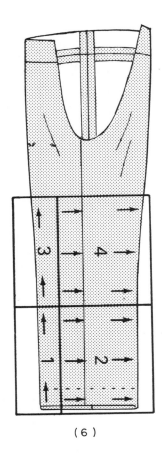

(6)

esto, planche la costura interior de la pernera, desde donde ha planchado previamente hasta la entrepierna, y estirando la costura un poco mientras lo hace.

Ahora puede alisar el resto de la raya posterior. Esta debe acabar en la cintura, exactamente en el centro de la espalda, pero, como con la raya de delante, no la planche a través del hombrillo en esta etapa.

Cuelgue ambas perneras para que se enfríen y se sequen.

Primera prueba

Póngase la pernera derecha solamente, sosteniéndola arriba con la cinturilla curvada para pruebas (ver página 78). Asegúrese de que la entrepierna va tan arriba como debe ir y luego compruebe el ancho de la pernera a la altura del muslo, de la rodilla y del dobladillo (Fig. 7). Vuélvase de lado y vea si pre-

de manera que no cuelgue del borde. Sitúe el dobladillo y la raya de delante, automáticamente la raya de detrás encontrará su posición.

(IV) Exprima el trapo de planchar y extiéndalo sobre los 30 cm más bajos de delante de la pernera. Planche la raya de delante trabajando hacia arriba de la pernera desde el dobladillo (Fig. 6). Levante el trapo y si la tela está lisa vuelva a planchar, levante el trapo y vuelva a planchar una tercera vez. Desplace el trapo para cubrir todo el ancho de la pernera y planche desde la raya frontal a través de la pernera hasta detrás. Levante el trapo y mire debajo. Si todo está bien, planche otra vez y luego otra vez.

Planche los siguientes 30 cm de la raya de delante y luego planche a través hasta detrás.

Arregle la parte alta de la raya frontal hasta la unión con el hombrillo (puede poner las rayas hasta arriba a través del hombrillo después de probar), planche pero esta vez no planche a través hasta atrás. En lugar de

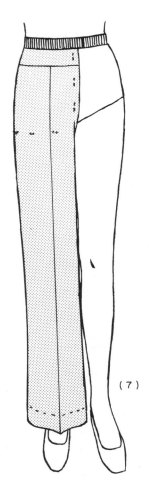

(7)

senta el ancho correcto. No se preocupe en esta etapa de cualquier exceso de amplitud que pueda haber por encima de la línea del muslo.

Quite la pernera y rehilvánela si es necesario, metiendo o sacando la cantidad necesaria. Pruébela otra vez para comprobar. Esta no es la decisión final sobre el ancho es simplemente que su primera prueba completa estará ahora libre de lo flojo o apretado de la parte inferior de la pernera.

Hilvanado de ambas perneras entre sí

Para añadir resistencia en las tallas grandes, pase otra fila de hilván en el costado de la pernera, a través de las vueltas, para formar una costura ribeteada. En la pierna izquierda doble por debajo el sobrante de la costura del delantero, donde la cremallera , e hilvane (Fig. 8).

Coloque juntas por el derecho en las dos costuras interiores de las perneras, e hilvane desde ahí hacia arriba hasta el delantero de la cintura. Dé la vuelta a los pantalones e hilvane desde la entrepierna hacia arriba, hasta detrás de la cintura (Fig. 9).

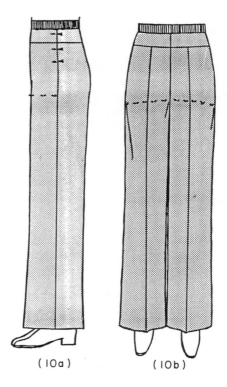

(10a)   (10b)

Costura ribeteada

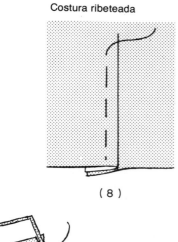

(8)

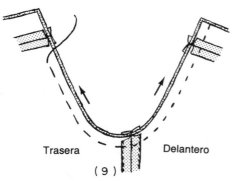

Trasera   Delantero

(9)

Segunda prueba

Use una camiseta o jersey, largos en la cintura. Póngase los pantalones, póngase los zapatos correctos. Prenda la abertura del costado y sosténgase los pantalones arriba con la cinturilla curvada de prueba (Fig. 10a).

Estire los pantalones hacia arriba todo alrededor y tan altos en la entrepierna como puedan ir y luego bájelos suavemente de nuevo, en las costuras de costado, hasta que no haya arrugas hacia arriba a partir del frente de la entrepierna, y quede recta la línea desde la entrepierna a la costura del costado.

Permanezca ahora quieta y mire el delantero. Luego observe la espalda. Finalmente vuélvase de lado y observe la costura del costado; ésta debe ir hacia atrás desde el muslo subiendo a la cintura o a veces hacia delante. La línea de entrepierna marcada en el frente debe ser horizontal. Si va hacia abajo en los costados, esto indica o bien, que la trasera del pantalón debe subirse en la costura del costado o bien que la entrepierna debe bajarse en el delantero. Luego los pantalones necesitan o bien, caer en los costados, o bien la entrepierna del frente necesita aflojarse o levantarse (Fig. 10b).

Primero identifique y corrija todos los otros defectos y si corrigiéndolos no se corrige la línea de costura de costado, examine los pantalones otra vez para ver qué modificación de las antedichas la rectificará.

Trate de identificar los defectos que ve partiendo de la siguiente lista. La mayoría de las modificaciones implican levantar en algún punto, así que usted puede ver si ha identificado el problema pellizcando la tela y levantándola en el punto apropiado, para ver si esto remedia el mal. Con la mayoría de las modificaciones de los pantalones tendrá que quitárselos, rehilvanarlos y ponérselos otra vez, antes de que esté segura de que ha hecho la cosa correcta.

Defectos de ajuste

Defecto

(I) Arrugas horizontales a través del delantero en la entrepierna.

(II) Pliegues yendo hacia arriba en la entrepierna, delante y detrás, también posiblemente bajándose detrás la cintura.

(III) Bulto en el muslo delante o en el costado.

(IV) Pliegues abolsados debajo de un trasero bien ajustado.

(V) Perneras retorcidas por debajo del nivel del muslo.

(VI) Sobrante de tela encima de las caderas. Pantalones demasiado altos en la cintura, o pliegues transversales en la cintura trasera.

Causa y solución

Costura de la entrepierna demasiado curva, corte el hilván y verá como se abre arriba. Saque y rehilvane (Fig. 11).

Rebaje de la costura de la entrepierna demasiado estrecho. Ponga más extensión en la trasera y también un poco en el delantero (Fig. 12).

Pantalón demasido apretado, saque en el interior de la pierna, si saca en los costados destacará más el problema.

Costura de la entrepierna insuficientemente curvada. Vacíe más hacia la pierna; no saque nada de la horquilla o a nivel de las caderas. Después de hacer esto podrá subir en la cintura, metiendo en la costura del hombrillo (Fig. 14).

(a) Pantalones estirados demasiado arriba, por haber dejado la cintura baja o dejado la extensión de la entrepierna saliente (Fig. 15).
(b) Ancho equivocado, para la figura de la pernera, del delantero en comparación con la trasera. Si las costuras se tuercen hacia adelante, o bien meta en la trasera de la costura, o saque el delantero. Si se tuercen hacia atrás meta en la costura detrás o saque en el delantero. Si tiene dudas deshaga la parte inferior de la costura, con los pantalones puestos, deje colgar la tela y enseguida verá si ha de rellenar una separación o quitar un sobrante que se solapa.

Pantalones demasiado largos desde la cintura a la entrepierna. Saque la costura del hombrillo. Puede ser producido por una espalda hundida en cuyo caso quite el hombrillo y colóquelo un poco más abajo. Puede también tener que meter un poco en la costura CE para hacer que ajuste la cintura (Fig. 16).

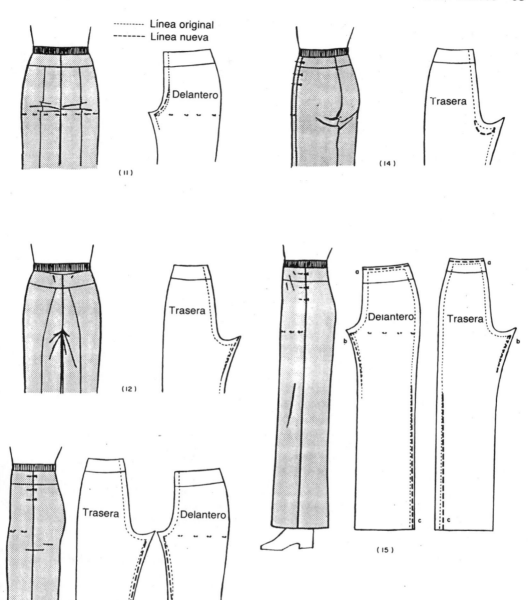

Línea original
Línea nueva

Delantero

(II)

Trasera

(14)

Trasera

(12)

Delantero

Trasera

(15)

Trasera   Delantero

(13)

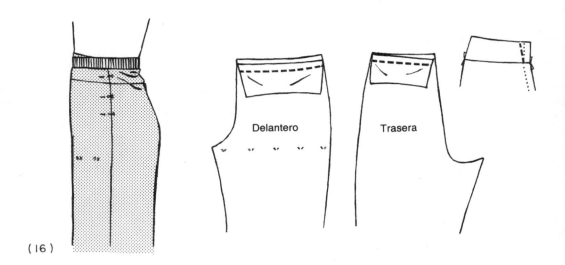

(16)

Delantero

Trasera

Refuerzo

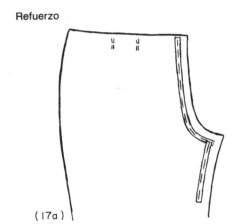

(17a)

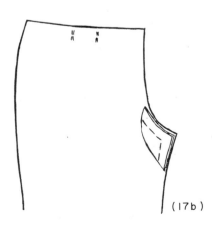

(17 b)

Después de cada prueba marque las modificaciones en ambas mitades de cada pieza. Hilvane y pruebe otra vez. A veces corregir un defecto pone de manifiesto otro, por lo que es prudente no hacer ningún cosido a máquina hasta estar satisfecha con la prueba. Después de marcar todas las nuevas líneas de costura desmonte los pantalones.

Realización de los pantalones

En estas instrucciones la cremallera se inserta en la costura de costado pero si lo prefiere puede ponerla, igualmente bien, en el centro del delantero. No la ponga nunca en el centro de la trasera, porque evitará que esta costura se dé y proporcione espacio para el movimiento.

Refuerzo de la costura del delantero

Aunque necesite que la costura de la espalda se estire, la costura del delantero debe mantenerse firmemente en su lugar. Hay dos maneras de hacer esto y la elección depende de la tela utilizada. En el género de punto, en que es probable que se dé bastante con el uso, hilvane un trozo de tiras para costuras o cinta preencogida en la línea de ajuste, sobre un delantero del pantalón solamente, por el revés. Hilvane también un trozo de unos 10 cm de largo en la entrepierna, hacia abajo del interior de la pernera, para evitar que se estire esta parte. Más tarde cuando se cose esta costura, el cosido a máquina debe pasar a través de la cinta (Fig. 17 a y b).

Si la tela es firme no hay necesidad de reforzar toda la costura, sino solamente la parte curvada de la base y el interior de la pernera. Esto puede hacerse con un trozo de cinta, como se ha descrito anteriormente, o con un triángulo de tela de forro.

Corte dos cuadrados de 10 cm de tela de forro o algodón y dóblelos en un triángulo y colóquelos en la horquilla del pantalón por el revés, en ambas piezas del delantero de las perneras, de manera que los dos lados rectos vayan a lo largo de la costura interior de la pierna y la costura de la entrepierna. El pliegue queda al bies y se estirará cuando lo hilvane en su lugar. Más tarde quedará fijo al coser a máquina.

Si la tela es de color pálido o hay un mínimo riesgo de que esta pieza de tela se vea, utilice el método de la cinta. Si coloca la cremallera en la costura central del frente, ésta puede servir como refuerzo, pero aún tendrá que poner un tirante en la parte inferior por uno de estos métodos.

Costuras de los hombrillos

(I) Coloque cada hombrillo en la pieza de la pernera correspondiente, casando cuidadosamente las líneas de ajuste y alisando entre sí los bordes curvados. Si necesita prenderlos coloque un par de alfileres a través de la costura. Hilvane y pase a máquina (Fig. 18a).

(II) Quite los hilvanes, pula y recorte las vueltas. Planche las costuras abiertas utilizando un planchamangas o una almohadilla de planchar. Recorte en ángulo los extremos de las vueltas (Fig. 18b).

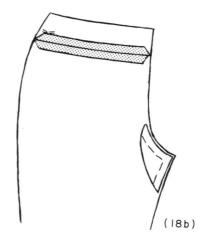

(18b)

Costuras de las perneras

Disponga cada pernera sobre la mesa con la cintura a la derecha.

(I) Coloque las piezas del delantero y la trasera juntas, casando las líneas de ajuste de la costura del costado. Coloque las costuras de los hombrillos cuidadosamente juntas y ponga en ellas un alfiler a través de la costura para sostenerlas. Este alfiler permanecerá en posición hasta después de que la costura se haya pasado a máquina. Hilvane la pernera derecha desde la cintura hasta el bajo (Fig. 19a). En la pernera izquierda coloque la cremallera contra la costura, con la lengüeta metálica a unos 6 mm por debajo de la línea de ajuste de la cintura (o más si la tela es especialmente gruesa). Haga una

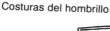

Costuras del hombrillo

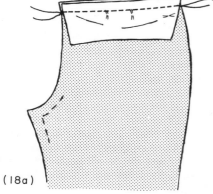

(18a)

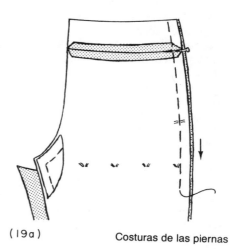

(19a)

Costuras de las piernas

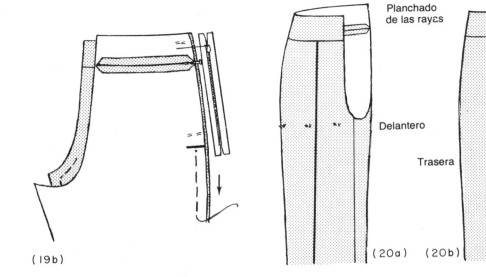

(19b)

Planchado
de las rayas

Delantero

Trasera

(20a)   (20b)

marca de jaboncillo para indicar la longitud de la cremallera, justo por debajo del extremo de tope. Deje en posición el alfiler en el hombrillo, e hilvane desde la marca de jaboncillo hasta el bajo (Fig. 19b).

(II) Balancee las perneras haciéndolas girar y junte entre sí las líneas de ajuste interiores, levantando el delantero por encima hasta que los bordes cortados estén juntos. Comience a hilvanar en la entrepierna trabajando hacia abajo hasta el dobladillo. Habrá un poco de holgura con el que enfrentarse entre la entrepierna y la línea del muslo, pero cuando hilvane asegúrese de mantener la línea de entrepierna bien alineada.

(III) Pase a máquina estas cuatro costuras desde arriba hasta el bajo, pasando con cuidado sobre el alfiler en el hombrillo. Quite los hilvanes. Planche abriendo las costuras sobre un planchamangas, trabajando desde la parte de arriba hacia el bajo en tanto de la costura como le sea posible.

(IV) Recorte los bordes cortados reduciéndolos a 1,3 cm y púlalos con zigzag o sobrehilado a mano. Pula la sección donde irá la cremallera hasta la costura del hombrillo.

Planchado de las rayas

Ahora que el ajuste está completo y las costuras acabadas, planche las rayas en su posición definitiva. Disponga cada pernera como antes y planche de la misma manera pero más fuertemente esta vez, llevando la raya a través del hombrillo hasta la cintura (Fig. 20 a y b).

Las rayas de delante deben ir a aproximadamente 6,0-7,5 cm a cada lado del centro del delantero, yendo casi paralelas a la costura central. La distancia exacta varía con la figura, pero no es especialmente esbelto tener las rayas demasiado separadas.

En la espalda las rayas deben acabar exactamente en el centro de la espalda. Planche bien y cuelgue para secar antes de pasar a la etapa siguiente.

Cremallera

Coloque la cremallera siguiendo las instrucciones de la página 93.

Costura de la entrepierna

Teniendo las perneras con el derecho hacia afuera.

(I) Ponga juntas las dos costuras interiores de las perneras. Introduzca un alfiler a través de la costura y déjelo ahí hasta después de coser a máquina.

(II) Ponga juntas las costuras de los hombrillos en el delantero y en la trasera, e introduzca un alfiler de la misma manera.

(III) Hilvane alrededor desde la entrepierna hasta la cintura en el frente, vuelva a la entrepierna e hilvane desde allí hacia arriba hasta la cintura atrás; hilvane a través del refuerzo. (Fig. 21).

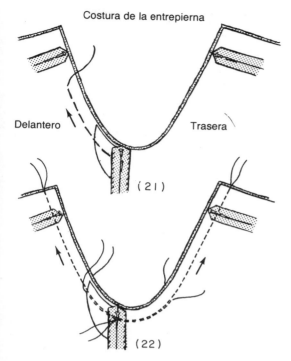

Costura de la entrepierna

Delantero

Trasera

(21)

(22)

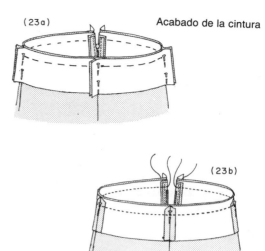

(23a) Acabado de la cintura

(23b)

(IV) Pase a máquina esta costura utilizando un ligero punto de zigzag o estirando muy ligeramente cuando pase bajo la aguja. Para mayor resistencia haga una segunda línea de costura bajo la pierna. Sobre los alfileres cosa lentamente (Fig. 22).

(V) Quite los hilvanes, planche la costura plana, primero estirando ligeramente la parte desde la cintura hacia abajo en unos 15 cm, para eliminar cualquier fruncido.

(VI) Planche la costura abierta desde el frente y la trasera de la cintura, hasta donde comienza la curva. Alrededor de la curva use sólo la punta de la plancha para alisarla, no intente abrir las vueltas. Los pantalones caerán mejor si esta parte de la costura se deja levantada.

(VII) Recorte los bordes cortados a 1,3 cm y púlalos.

Acabado de la cintura

(I) Prenda las vistas de los hombrillos en su posición con el derecho hacia abajo, sobre el derecho del pantalón. Hilvane juntas las líneas de ajuste pero deje el extremo de cada pieza para que puedan hacerse las uniones. Prenda entre sí los extremos de las vistas.

Hilvane y pase a máquina las uniones y plánchelas abiertas. Recorte los bordes a 6 mm. Recorte los extremos de las vueltas en ángulo (Fig. 23 a y b).

(II) Coloque un alfiler a través de cada unión para sostenerla y cosa a máquina alrededor del borde de la cintura, trabajando desde el lado del pantalón no desde el lado de las vistas. Cosa a través de la parte alta de la cremallera, incluyendo la cinta de ésta (Fig. 23 b). Si la tela es propensa a estirarse, cosa en la cintura un trozo de venda de costura o cinta.

(III) Quite los hilvanes, recorte la vuelta de costura en el pantalón a 6 mm y la vuelta en la vista a un poco menos. Si desea un borde más firme en la cintura, cosa una tira de cinturilla curvada en la unión, cosiéndola a punto de dobladillo o cosiéndola a máquina en las vueltas.

También puede si lo desea, hacer una costura a máquina a través de las vistas y las vueltas para mantener éstas bien sobre el revés (Fig. 24 a).

(IV) Vuelva las vistas hacia el interior de los pantalones, enrollando ligeramente el borde hacia adentro e hilvane. Planche (Fig. 24 b).

(V) Vuelva hacia abajo los extremos del lado de la cremallera, recortando debajo todo lo que pueda del bulto de la vuelta.

(VI) Pula el borde inferior de las vistas, recortando si es necesario de manera que cubra justo la costura de hombrillo. Hilvane a lo largo de la costura (Fig. 24b).

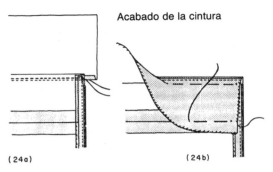

Acabado de la cintura

(24a)   (24b)

(VII) Dobladille los extremos de al lado de la cremallera y haga un punto de espada a mano, o a máquina, a través de la unión del hombrillo para fijar abajo las vistas. Para hacer esto trabaje desde el derecho.

(VIII) Probablemente desea encontrar un corchete en lo alto de la cremallera, muy útil para ayudar a mantener la tensión cuando cierra ésta, especialmente si los pantalones son muy ajustados.

Use un corchete de ojos grandes, del número 2 o 3. Cosa primero el gancho en posición, sujetando la cabeza primero con 6 u 8 puntadas muy fuertes, luego trabaje alrededor de cada ojo con punto de ojal cerrado, sujete el ojo sobre el gancho, cierre la cremallera y coloque en posición el ojo utilizando un alfiler para sostenerlo. Cósalo firmemente con punto de ojal cerrado (Fig. 25).

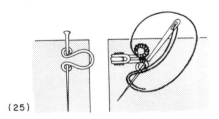

(25)

Dobladillos (ver también página 104)

(I) Pase la plancha sobre las rayas en unos 5 cm, no para quitarlas por completo, sino justo lo suficiente para dar la vuelta.

(II) Vuélvalas hacia arriba e hilvane el pliegue de abajo, comprobando que las dos costuras de dentro de las perneras son de igual longitud.

(III) Recorte las vueltas de la costura dentro del dobladillo. Recorte reduciendo 4 cm la profundidad del dobladillo y pula el reborde recortado (Fig. 26).

(IV) Deslice Wundaweb debajo del dobladillo, asegurándose de que queda recubierto. Planche con un trapo húmedo alrededor de la pernera sobre la vuelta del dobladillo; cuide de no estirar el pantalón. Vuélvalo del derecho y plánchelo otra vez.

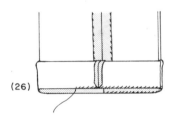

(26)

Planchado final

(I) Deslice la cintura sobre el planchamangas y planche la zona desde la cintura hacia abajo.

(II) Disponga cada pernera a su vez sobre la mesa y replanche las rayas, insistiendo con fuerza donde se ha vuelto hacia arriba el dobladillo.

(III) Cuelgue los pantalones para enfriarlos durante varias horas antes de usarlos.

Parte 2

Equipo, planchado y confección de los patrones básicos

1. Equipo

Algunos de los problemas que se encuentran en la costura, especialmente las modistas menos expertas, se eliminan por completo una vez se utilizan las herramientas adecuadas. La lista siguiente abarca los elementos esenciales y también algunos más, que simplemente sirven para hacer el trabajo más fácil.

Los únicos elementos grandes del equipo que se necesitan son: una mesa para cortar (o puede usar un tablero de cortar que puede poner en cualquier sitio) y, desde luego, una máquina de coser. Todas las otras cosas que necesita son relativamente baratas.

Para medir

1. Cinta métrica
La cinta más útil, por algún tiempo, será una con una graduación en pulgadas por una cara y las medidas métricas en el reverso. Compre una cinta firme, con armadura de fibra de vidrio, con los extremos de metal y las cifras claras (en los países en que no se utiliza el sistema inglés ambas caras están graduadas en centímetros en sentido inverso).

2. Regla
Una regla de 30 cm es un poco corta para la mayoría de las medidas planas, compre una de 45 cm o de 1 metro.

3. Galga.
Existen dos tipos muy útiles, una de metal de 15 cm con un marcador rojo desplazable y una pequeña galga recortada, hecha por Milward, que tiene los bordes cortados a diversos anchos hasta 5 cm.

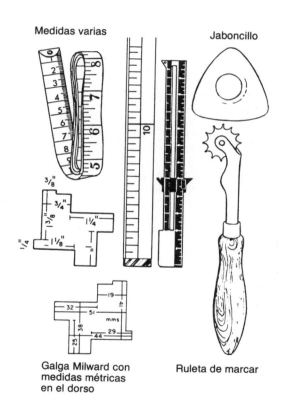

Medidas varias

Jaboncillo

Galga Milward con medidas métricas en el dorso

Ruleta de marcar

Marcador de cintura

Marcar

(a) Jaboncillo

Compre por lo menos media docena de trozos de color blanco. Manténgalos bien afila-
dos utilizando sus tijeras abiertas. Los jabon-
cillos de colores son propensos a dejar
señales en algunas telas, de manera que el
blanco es más seguro y se ve sobre la mayoría de las telas, apareciendo como una línea
mate en las telas blancas.

(b) Rueda de marcar

Cuando la escoja asegúrese de que los dientes son agudos. Utilícela para trazar patrones
sobre papel y para marcar el revés de las telas con papel carbón.

Corte

(a) Tijeras

Necesitará tres pares: un par pequeño para
cortar hilos y vueltas, con las hojas de alrededor de 4 cm de largas (las hojas más cortas
reducen su utilidad a cortar sólo hilos, pues
las hojas no morderán sobre la tela); un par
de tamaño medio con hojas de 10 a 12 cm
con los mangos con forma para mayor comodidad, para recortar los bordes y todos los
trabajos de corte que no sean tijeretear; unas
tijeras para cortar, también con los mangos
conformados para acomodar toda la mano
en ellos y un plano para apoyarse en la mesa
con las hojas de aproximadamente 15 a 18
cm de largas. El corte es mucho más fácil
con tijeras grandes.

Las tijeras deben ser de acero de buena
calidad y de un fabricante conocido. Si
puede usted acceder a un almacén de sumi-
nistros para sastres encontrará las mejores
disponibles. Cuando necesitan afilarse, es decir cuando el corte se transforma en un trabajo duro, llévelas a un vaciador, mejor que
al hombre que le afila el cortacesped.

(b) Quita costuras

Es útil tener esta herramienta para cortar ojales hechos a máquina. Puede ser peligroso
utilizarla para deshacer las costuras en caso
de que resbale. Para esto utilice tijeras pequeñas.

(c) Agujas de máquina

Lisa, de punta de bola, y de punta de lanza.

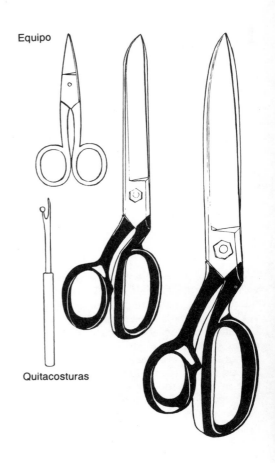

Equipo

Quitacosturas

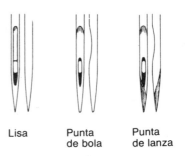

Lisa   Punta   Punta
              de bola   de lanza

Agujas de máquina, muy aumentadas

Cosido a mano

(a) Agujas

Compre varios paquetes de agujas medianas
de tamaños variados, o un paquete de cada
tamaño, desde el 6 hasta el 9. Las medianas
son cortas con el ojo normal. El cosido a

mano es mucho más fácil con éstas que con las agujas largas, porque los dedos están más cerca de la punta y por ello tiene mayor control y también puede hacer puntadas más pequeñas y más uniformes.

(b) Dedal

Un dedal es vital para coser a mano cómodamente. Un dedal cerrado, tanto de metal como de plástico e incluso de plata, es incómodo de usar porque mantiene fuera el aire. Llevar uno de éstos durante una hora, es equivalente a llevar un parche elástico durante varios días. No es un milagro que tanta gente diga que no puede usarlo. Además el extremo vacío molesta el trabajo, casi como llevar zapatos demasiado grandes. Compre un dedal de sastre de acero con el extremo abierto. La punta del dedo debe quedar a nivel del extremo del dedal.

(c) Alfileres

Compre un par de cajitas de alfileres de acero. Si puede obtener unos largos, son muy útiles a la hora de cortar. Unos cuantos de cabeza coloreada son útiles cuando se prueba una prenda de material grueso tejido flojo, porque pueden verse fácilmente. Si para usarlos coloca los alfileres en un cuenco, recuerde poner un trozo de papel antióxido con ellos.

(d) Cera de abejas

Para reforzar los hilos antes de coser botones, ayuda a alisar los hilos retorcidos; puede pasarse sobre los dientes de una cremallera metálica si se enganchan. También cuando cosa con hilo doble páselo a través de la cera, para evitar que las dos hebras se separen cuando cose.

(e) Punzón

Un punzón de plástico o hueso, sirve para quitar rápidamente los puntos de hilván sin dañar la tela. Especialmente útil cuando quita el picado de las prendas armadas.

(f) Pasacintas elástico

Necesitará uno de estos o un punzón grande de metal con ojo, para volver ribetes.

Hilos

(a) Hilo de hilvanar. Para hilván de sastre y para todo el hilvanado. Es blando y se rompe fácilmente sin dañar la tela. Puede romperlo

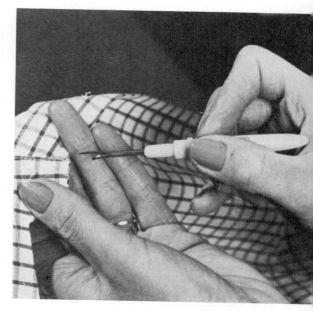

6. *Descosiendo una costura (cortesía de Dritz Ltd.).*

con los dedos, lo cual ahorra tiempo. Es velloso y por ello no se desliza cuando está colocado.

(b) Hilo de coser. Pronto adquirirá una colección de colores. Utilícelos para todos los cosidos a mano y a máquina, pero no para

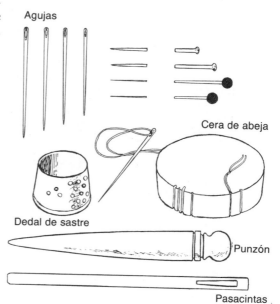

Agujas

Cera de abeja

Dedal de sastre

Punzón

Pasacintas

De bordar
a máquina

De hilvanar

Torcido
para máquina

Drima

hilvanar pues es demasiado fuerte, resbala, y los colores oscuros pueden dejar pelusilla en las telas claras. El Drima de Coats es fino pero fuerte y es fácil de coser, porque el hilo se hunde bien en la tela más que permanecer en la superficie. Para enhebrar corte el extremo, el romperlo tiende a deshilacharlo.

(c) Además compre en algún momento un carrete grande de hilo de bordar a máquina Ancora y úselo para las puntadas de armar en material fino, tal como el chifón, seda, etc.

Coser a máquina

Con su máquina se le suministrará un pie presor adicional, etc. Guárdelos cerca; si los pone lejos tenderá a no hacer uso de ellos.

Asegúrese de guardar cerca también un plumero, aceite y brocha. Cuando cosa, especialmente materiales sintéticos, necesitará con frecuencia destapar la zona de la bobina y quitar pelusilla. Ponga una gota de aceite en su máquina con frecuencia.

Tenga una buena cantidad de agujas para la máquina, de todos los tamaños y tipos, incluyendo de punta de bola para tejidos sintéticos y punta de lanza para cuero y napa, así como las variedades especiales para hilvanar,

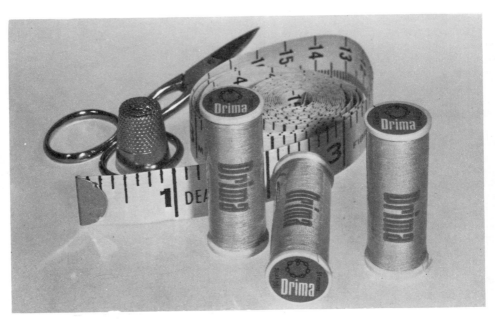

7. *Hilos de coser (cortesía de J. and P. Coates Ltd.).*

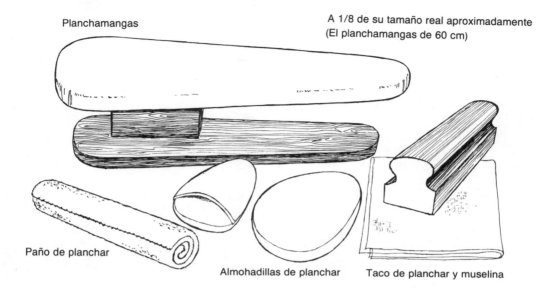

Planchamangas

A 1/8 de su tamaño real aproximadamente
(El planchamangas de 60 cm)

Paño de planchar

Almohadillas de planchar

Taco de planchar y muselina

etc. Como con el pie, guarde la caja cerca de la máquina, de modo que no tenga excusa para coser con una aguja embotada.

Planchado
Si puede organizarse una mesa con una manta encima y un trozo de sábana, es lo mejor para planchar, pues le proporciona una superficie para apoyar el trabajo. Sin embargo, una tabla de planchar puede ser suficiente y en este caso recuerde sostener las piezas grandes de telas blandas colocando una silla, o un caballete para ropa cerca de la tabla.

(a) Planchamangas
Se utiliza para todo el planchado del proceso de costura. Si acaso es rara vez usado para planchar mangas. Para planchar bien, se trabaja sobre una zona muy pequeña a la vez y esto es una ventaja del planchamangas pues dirige inmediatamente su atención a esta parte solamente. También posibilita planchar zonas con forma, tales como pinzas y costuras curvas sin aplanarlas, empleando el extremo de la tabla. Por último el planchamangas levanta el trabajo a una altura mucho mejor para realizarlo.

Colóquelo sobre la mesa o sobre la tabla de planchar.

Un planchamangas de sastre es lo mejor, aunque caro. Tiene dos caras y las cuatro puntas están redondeadas a curvaturas diferentes, así que puede escoger dos anchos y cuatro extremos según el tamaño y naturaleza de la pieza que esté planchado.

(b) Paño de planchar
Necesita dos trozos de muselina, porque algunas telas necesitan un paño húmedo y un paño seco. Compre 1 metro y córtelo en dos trozos manejables. Para telas ligeras la muselina debe escurrirse hasta estar casi seca; mójela para telas medias y póngala doble si necesita más humedad. Con la variedad de fibras y texturas disponibles actualmente y con pocos estambres gruesos y lanas, la muselina es mucho más útil y segura que el calicó.

(c) Planchas
Lo ideal son dos planchas: una de vapor, que puede usarse también con muselina húmeda o seca cuando es necesario, y una ordinaria bastante pesada, con una base pequeña para planchar telas gruesas, hacer plisados, rayas en los pantalones, etc. Esta se usa siempre con muselina húmeda, utilizando a veces también muselina seca después.

Una de las limitaciones de la plancha de vapor es que la cantidad de éste, corrientemente, no puede variarse para acomodarlo a la tela, y mientras espera más vapor la base de la plancha deja una huella. Sin embargo

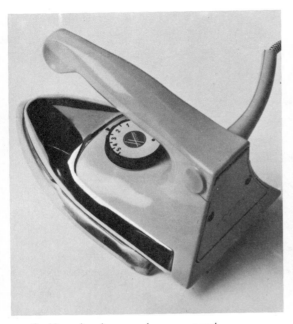

8. *Una plancha seca de uso general.*

Sunbeam Electric fabrica una plancha con un botón arriba, que cuando se oprime proyecta un fuerte chorro de vapor extra sobre la tela; éste puede dirigirse exactamente donde desee y puede también variar la cantidad según las necesidades del material.

(d) Taco de planchar
Se utiliza para introducir el vapor, golpeando después de retirar la muselina húmeda, para asentar los pliegues y las rayas del pantalón, y es útil también sobre los tejidos sintéticos de elasticidad rebelde.

(e) Almohadillas de planchar
Puede preferir comprar o hacer unas pocas almohadillas de diferentes formas, para los hombros, mangas, etc., aunque una toallita de rizo doblada o enrollada es un buen sustituto.

Equipo para probar
(a) Tijeritas para cortar los hilvanes.
(b) Alfileres. En encajes y tejidos flojos, use

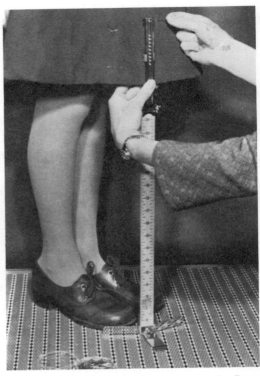

9. *Marcador de dobladillos (cortesía de Dritz Ltd.).*

alfileres largos de cabeza coloreada, pues son más fáciles de localizar después.
(c) Cinta métrica.
(d) Jaboncillo afilado.
(e) Marcador de bajos. Una regla atornillada a un taco firme de madera o un marcador comprado.
(f) Marcador de cintura. Es útil para comprobar la posición de la cintura en los vestidos y también para sostener las faldas y pantalones durante la prueba, antes de acabar la cintura. Tome un largo de cintura más 7 cm de cinturilla curvada; cosa un trocito de Velcro en un extremo, cosiéndolo con punto de dobladillo o a máquina, ponga la cinturilla alrededor de su cintura sobre el vestido, estírela bastante apretada pero sin fruncir la prenda, marque el solape con un alfiler. Cosa en posición la pieza de Velcro correspondiente.

2. Planchado

Sin duda el planchado es el aspecto más importante de la costura. Si sus cosidos a máquina o a mano no son de alta calidad no lo sabrá nadie, con tal de que usted sea consciente y se abstenga de hacer alguno por el derecho de la prenda. Si no domina la prueba y ajuste, puede elegir prendas planas, estilos amplios, etc., durante un tiempo. Pero el trabajo parecerá notoriamente inacabado si no se plancha correctamente, y aún no es una técnica que pueda aprenderse pronto.

Veamos lo que ello implica. En primer lugar no es pasar la plancha, no es alisar las arrugas deslizando la plancha por encima. Pasar la plancha es relativamente fácil porque la prenda ya se ha hecho y conformado y puesto en su lugar.

Cuando hace algo, toma un trozo de material que ha sido tejido o anudado bastante plano y lo conforma en una prenda, cortándolo en pequeñas piezas y volviéndolas a unir. También espera realmente crear relieves mediante el uso de pinzas; la tela no se presta dócilmente a esto, por lo que tienen que animarla mediante la aplicación de calor, presión y humedad, a cambiar la dirección en las costuras y pliegues.

No solamente los materiales responden en forma diferente a este tratamiento según su contenido de fibras, grosor y construcción, sino que necesitan los tres condicionamientos vitales en distintas cantidades. De esto se trata realmente en el planchado: aprender exactamente cuánta humedad se necesita y durante cuánto tiempo, cómo de caliente ha de estar la plancha, combinada con la humedad, y exactamente cómo debe aplicar la plancha: toques firmes y cortos, golpes pesados y cuántos de ellos. Ha de aprender también como usar la otra mano para estirar y alisar. Finalmente debe aprender qué tratamiento se necesita después: colgar para enfriar, secar con la plancha sola, o con un trapo seco, etc.

También ha de tenerse en cuenta el cosido a máquina, porque antes de comenzar un proceso de planchado ha de alisar las puntadas. Ha superpuesto dos o más capas juntas bajo presión y usado dos hilos juntos entre sí, y es esencial plancharlos dentro de la tela antes de intentar hacer que ésta haga lo que usted quiera. Afortunadamente el cosido a mano es más blando y con menor tensión, de modo que no perturba, o no debería hacerlo, tanto al material. El cosido a mano se planchará, desde luego, pero sólo por motivos de apariencia si se ven las puntadas.

Es imposible dar reglas detalladas para planchar cualquier material, excepto para las fibras principales, tales como lana, nylon, algodón, etc., porque es necesario conocer cómo está implicado el espesor, cómo es el tejido, el acabado, etc. En cada apartado se dan algunas indicaciones detalladas para cada tela, pero recuerde que la técnica del planchado perfecto sólo se adquiere con mucha práctica.

2.1. Direcciones del cosido a máquina y el planchado de las costuras.

El aspecto del acabado de las costuras se mejorará si el cosido se hace trabajando desde la parte más ancha de cada pieza, hacia la parte más estrecha. En las telas tejidas, esto es trabajar en el sentido en que las telas se deshilachan en lugar de en sentido contra-

(1a)

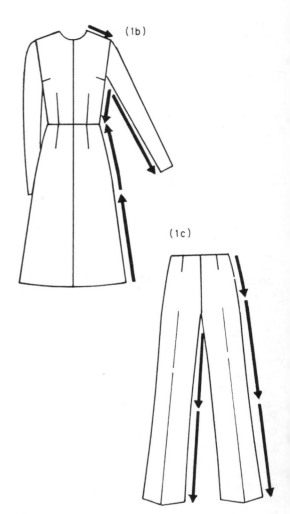

rio. Trate de deshilachar el borde de un trozo de tela cortado al bies y verá que las fibras quedan en una dirección. Cosa a su favor y se reducirá la tendencia a fruncirse (Fig. 1a).

Cuando planche trabaje a lo largo de las costuras en el mismo sentido para evitar un efecto de arrastre hacia abajo. Con los pantalones planche desde la cintura hacia el bajo, para evitar que parezcan estirados hacia arriba en los tobillos.

En las costuras cortas, tales como las de los hombros planchar en la dirección correcta ayuda a evitar la tensión.

Algunas telas, como el terciopelo necesitan un tratamiento especial, pero trataremos de ello en los apartados adecuados más adelante.

Dirección correcta (Fig. 1b y c)
Costuras de la falda: del dobladillo a la cintura.
Costuras del cuerpo: del sobaco a la cintura.
Costuras del hombro: del cuello al hombro.
Costuras de la manga: del sobaco al puño.
Pantalones: de la cintura al bajo.

3. Confección del vestido básico

3.1. Pinzas

(I) Doble la tela con el revés por fuera y case las marcas. Será más fácil hacerlo si ha utilizado hilvanes de sastre, pues puede hacer rodar las dos capas de tela entre los dedos hasta que pueda sentir que las marcas están juntas.

(II) Si necesita sujetarla con alfileres, use solamente tres, poniendo uno a través del extremo, otro bajo la punta y el tercero a medio camino entre los otros dos (Fig. 1a).

(III) Comience a hilvanar en los bordes cortados y trabaje hacia la punta. Termine con un punto atrás justo cerca del final de la pinza. Deje el último alfiler en su sitio, pues ayudará a mantener la tela plana mientras la cose a máquina (Fig. 1b). Algunas prefieren quitar los hilvanes de sastre en esta etapa, pero yo prefiero utilizarlos como guía, terminando la línea de costura a máquina sobre el último hilván de sastre, en lugar de pisar el hilván en la tela. Además ayuda a medir pares de pinzas poner marcas de jaboncillo en la punta exacta de la pinza, para asegurar que tienen la misma longitud. También puede dibujar una línea de jaboncillo recta, para coser sobre ella si la pinza es completamente recta.

(IV) Ponga el trabajo en la máquina con el mayor volumen a la izquierda y, comenzando en la base de la pinza, baje el pie con un ángulo tal que apunte hacia el final de la pinza. Gire el volante hacia sí, hasta que la aguja quede en el trabajo. Invierta la dirección de la costura si quiere rematarla de esta manera y luego cosa cuidadosamente hasta la punta. Si ha vuelto atrás para rematar asegúrese de que cose en el pliegue de la pinza.

(V) Quite el hilván tirando del nudo. Quite los hilvanes de sastre y el alfiler. Tijeretee los hilos junto a la tela.

(VI) Coloque la pinza plana sobre el planchamangas y planche la costura para alisarla.

(VII) Si la tela es delgada abra el trabajo y colóquelo en el planchamangas, de modo que la punta quede nivelada con el extremo de la tabla y la tela de la pinza sosteniéndose hacia arriba. Planche la pinza por encima de modo que quede plana. Probablemente usará una plancha de vapor para tela ligera. Habiéndolas planchado en la dirección correcta, es decir que el bulto de la tela quede hacia el centro de la prenda, o en el caso de pinzas de pecho hacia abajo, hacia la cintura, plánchelas otra vez realmente bien, planchando solamente hacia el final de la costura. Disponiendo la pinza sobre el plancha-

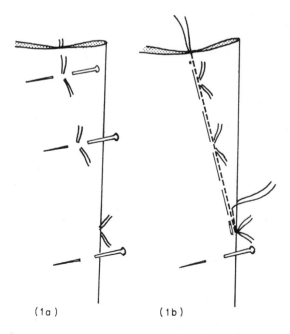

(1a)   (1b)

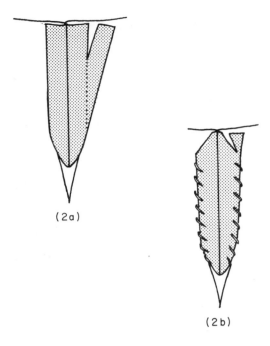

(2a)

(2b)

mangas puede asegurar que no aplana la forma que la pinza proporciona a la tela.

(VIII) Vuelva el trabajo y planche otra vez por el derecho.

(IX) En todas las telas de peso medio, o grande, las pinzas deben cortarse, abrirse y recortarse para reducir el abultamiento, pero recuerde que deben haberse realizado todas las pruebas antes de realizar algún corte (Fig. 2a y b).

Después de planchar la costura, corte la pinza a lo largo del doblez casi hasta el final. Recorte un poco de tela. Abra el trabajo y planche la pinza abierta en vez de hacia un lado, teniendo buen cuidado con la punta, que debe aplanarse. Estará usando una muselina húmeda para planchar estas telas, así que envuelva una punta de ella sobre la punta de la plancha y trabaje cuidadosamente, observando continuamente bajo el trapo para asegurarse de que todo va bien. Con este tipo de pinza puede tener que hacer algo de planchado adicional por el derecho.

Después que la tela esté fría, pula los bordes con sobrehilado a mano o con punto de zigzag.

(X) Recorte en ángulo los extremos en bruto para reducir el abultamiento, antes de pasar a la etapa siguiente.

3.2. Costuras abiertas

Llamadas a veces costuras planas, se utilizan más a menudo que cualesquiera otras porque son adecuadas para cualquier tela y son lisas. Otros tipos de costuras se describirán más adelante, cuando se recomienden para trajes especiales.

Realización de una costura abierta.

(I) Coloque una de las piezas de tela sobre la mesa con el derecho hacia arriba. Ponga la segunda pieza encima con el derecho hacia abajo. Los bordes a coser deben estar hacia usted.

(ii) Alinee las dos líneas de costura levantando y reextendiendo, no arrastrando. Es más fácil hacerlo si utiliza hilvanes de sastre, porque puede sentirlos en la pieza de abajo con sus dedos índices mientras coloca en posición la tela de encima.

(III) Es mejor no utilizar ningún alfiler, pues levantan el material, pero si la tela es especialmente rebelde coloque unos pocos a lo largo de la costura, clavándolos a través de ella para no perturbar la tela demasiado (Fig. 3a).

(IV) Utilice una hebra larga de hilo de hilvanar y una aguja un grado más gruesa que la de coser a mano el tipo de tela de que se trata; haga un nudo en el extremo y comience a hilvanar, tomando pequeñas cantidades de tela sobre la aguja (Fig. 3b).

(3a)

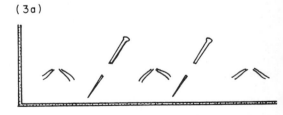

(3b)

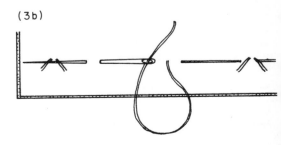

(V) Al final de la costura estire la tela para aflojar ligeramente el hilo del hilván, lo que ayudará a evitar una costura fruncida, y remate.

(VI) En las costuras rectas largas, puede ayudar el trazar con regla una línea de jaboncillo antes de coser a máquina, para tener una línea de guía. Mucha gente quita los hilvanes de sastre en esta fase, pero siendo las primeras marcas colocadas son las más exactas, así que prefiero dejarlos y utilizarlos como guía mejor que el hilván.

(VII) Ponga el trabajo en la máquina con los bordes a coser hacia la derecha; baje el pie sobre la tela; gire el volante hasta que la aguja esté en el trabajo y cosa, invirtiendo el sentido de la costura en 6 mm, si le gusta este método de rematar las costuras.

(VIII) Remate el final invirtiendo, o cosa todos los extremos de las costuras de máquina después de retirar el trabajo de la máquina.

(IX) Quite los hilvanes agarrando del nudo; para las puntadas difíciles use el punzón. Quite los hilvanes de sastre, para los difíciles use pinzas (o los dientes).

Planchado

(I) Planche la costura plana para quitar los fruncidos y ayudar a embeber el hilo en la tela. Use muselina húmeda y la plancha a calor medio, o la plancha de vapor si va mejor a la tela.

(II) Abra la pieza sobre el planchamangas, colocando en posición un trozo corto de la costura si ésta es larga. Abra el extremo de la costura con los dedos y luego, sosteniendo una esquina de la muselina húmeda en una mano y la plancha en la otra, abra la costura planchando sobre el trapo con la punta de la plancha. Siga de esta manera hasta el final del planchamangas con firmes movimientos de planchado. (Fig. 4).

(III) Levante el trabajo y observe la costura. Corrija cualquiera arruga volviendo a planchar.

(IV) Planche de nuevo toda esta parte, más decididamente esta vez, para asentar la tela en su nueva posición. Deje enfriar.

(V) Desplace el trabajo a lo largo y planche otra parte de la misma manera, teniendo cuidado de no dejar marca donde termina el planchamangas.

(VI) Dé vuelta al trabajo y planche el derecho empleando también el trapo, pero ejer-

(4)

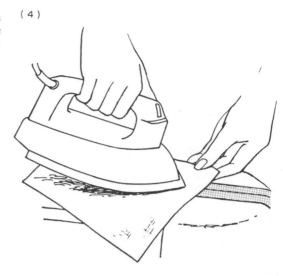

ciendo menos presión que la hecha por el revés. Deje enfriar.

(VII) Utilizando tijeras medianas, recorte atrás las vueltas en ángulo para reducir el abultamiento antes de proceder con la costura siguiente.

10. Una costura abierta pulida con punto en zigzag (cortesía de Bernina Sewing Machines Ltd.).

Pulido de una costura abierta

Cosa y planche siempre las costuras antes de pulirlas, de lo contrario puede aparecer a través un feo cordoncillo cuando planche. Algunas telas, como los géneros de punto, telas ligadas, etc., no necesitan pulirse, propiamente hablando, pues no se deshilachan. Pero puede pensar, como yo, que debe hacerlo por cuestión de honor, para que el revés de la prenda resista el examen lo mismo que el derecho. También algunos géneros de punto tienden a enrollarse en los bordes y el pulido ayuda a mantenerlos planos.

Telas deshilachables

Haga una línea de costura a máquina recta a 1,3 cm de la costura, es una ayuda trazar una línea recta de jaboncillo, o en otro caso utilizar el pie de la máquina como guía. Recorte la tela con tijeras de tamaño medio, unos pocos centímetros cada vez y sobrehíle (Fig. 5).

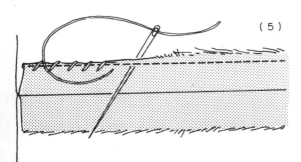

(5)

Trabaje de izquierda a derecha pasando la aguja por debajo de la costura a máquina y estirando el hilo bastante tenso para comprimir el estrecho borde cortado y sostener firmemente hacia abajo la fibra que se deshila. Si es posible trabaje en la dirección en que descansan las fibras de modo que las aplane a medida que trabaja.

Planche la costura para acabarla estirando el borde ligeramente para quitar cualquier tensión causada por el cosido.

Aunque lleve tiempo, éste es un acabado excelente y puede emplearse en tela de cualquier peso.

Telas que se deshilachan poco

O bien sobrehíle a mano (no puede estirar mucho el hilo pues no hay costura que lo sujete) o bien haga un zigzag a máquina. Si hace el zigzag pruebe primero la tela para en-

contrar la medida de la puntada y el ancho del zigzag más adecuados. Un zigzag grande no impide el deshilachado pues las fibras se escapan entre las puntadas. Ajuste la puntada a la más corta y estrecha que pueda hacer eficazmente en la tela. En algunas telas ligeras el borde se enrosca si la puntada es demasiado ancha, y si es demasiado larga puede fácilmente levantarla.

Después de ajustar la puntada recorte los bordes limpiamente, usando tijeras de tamaño medio, y cosa en la dirección correcta para evitar el deshilachado posterior.

Si su material se deshilacha pero está decidida a no hacer ningún cosido a mano, puede combinar ambos procedimientos haciendo primero una costura recta a máquina y luego un zigzag sobre ella.

Telas que no se deshilachan

Estas pueden llevar una costura en zigzag, pero es innecesaria y gasta cantidad de hilo. En lugar de ella use el punto de dobladillo ciego, el N.° 1 de Bernina, trabajando en un borde limpiamente cortado (Fig. 6). La puntada en zigzag simple ayuda a mantener planas las vueltas.

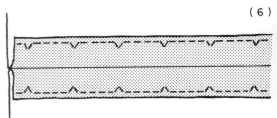

(6)

Tijeras dentadas

Hay poca razón para utilizar las tijeras dentadas, si la tela se deshilachaba, seguirá deshilachándose aunque en hebras más cortas. Si la tela no se deshilachaba en absoluto es una pérdida de tiempo hacer todo este recorte y además reducirá las vueltas a una medida peligrosamente pequeña.

Ribeteado

Esto añade bulto y lleva largo tiempo hacerlo adecuadamente. Coser a máquina ambas caras, por ejemplo, lo hace muy rígido y duro. Limite este acabado a las sisas en telas finas y a los bordes decorativos.

3.3. Vistas

Colocar una vista en un borde es un método de pulirlo. Las vistas son bastante anchas, desde 4 cm hasta unos 10 cm según sus posiciones; así es útil en sitios donde puede ser visible el interior de la prenda, por ejemplo en el cuello y las aberturas para los brazos.

Pruebe primero la prenda y haga todos los ajustes, luego corte las vistas para ajustarlas al borde. Si hay costuras en la prenda puede ser necesario hacer las juntas correspondientes en las vistas, por ejemplo en los hombros.

Corrientemente las vistas se dejan sueltas en el interior de la prenda porque si se cosen, por muy cuidadosamente que se haga, pueden verse por el derecho. Si hay otra capa de tela, por ejemplo un forro o las vueltas de una costura, las vueltas pueden agarrarse en algunos lugares; pero un método mejor y casi invisible de evitar que aparezcan por fuera al usarse es deslizar trocitos de Wundaweb entre las vistas y la prenda planchándolas para sostenerlas en su sitio.

Para un efecto decorativo las vistas pueden volverse sobre el derecho de la prenda y coserse (Fig. 7).

(7)

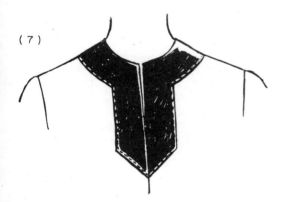

Colocación de vistas en el vestido básico

(I) Corte las vistas. No es absolutamente necesario poner hilvanes de sastre en las vueltas. La línea correcta del cuello estará en este momento claramente marcada y puede usarla como guía del cosido. No entretele ni forre las vistas a menos que se trate de una tela muy endeble, como el chifón.

(II) Coloque las vistas del cuello del delantero y la espalda, asegurándose de que el

centro del borde de la espalda cae sobre el borde de la cremallera. Prenda con alfileres.

(III) Deslice el hombro del vestido sobre el planchamangas y doble hacia atrás los dos extremos de las vueltas en las costuras de hombros (Fig. 8). Doble con la plancha de modo que los pliegues queden juntos. Use para esto la plancha en seco, no puede usar muselina pues ocultaría el trabajo. Use sólo la punta de la plancha y no deje que toque el derecho de la prenda.

(8)

(9)

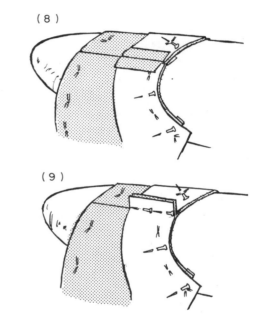

(IV) Con el vestido aún sobre el planchamangas, levante los extremos de las vistas y préndalos entre sí de manera que se encuentren los dos dobleces (Fig. 9).

(V) Quite el vestido del planchamangas e hilvane las dos costuras de los hombros en las vistas.

(VI) Cosa cada unión desde el cuello hacia fuera. Quite los hilvanes y planche la costura abierta. Trabaje otra vez sobre el planchamangas y al principio use sólo la punta de la plancha en seco. En tela sintética planche otra vez con la plancha de vapor, pero asegúrese de que la plancha no se desvía sobre la prenda y sobreplancha o marca la zona de los hombros.

(VII) Recorte las vueltas a 6 mm, cortando las esquinas en ángulo para reducir el abultamiento.

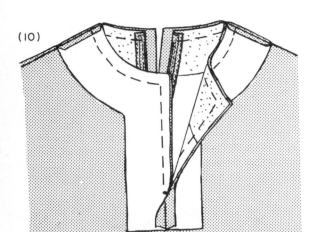

(10)

tro del delantero, bajando la aguja sobre el trabajo de modo que la primera puntada comience a una distancia sólo de la longitud de una puntada más allá de la costura del centro del delantero. Este pequeño hueco permitirá volver las vistas sin que se forme una arruga en este punto.

Cosa a máquina primero la mitad derecha del cuello, pues ésta es más fácil de colocar en la máquina (Fig. 11a). Con la mitad izquierda tendrá que habérselas con el grueso de la prenda a la derecha de la aguja. Si la tela es voluminosa esto puede ser complicado, y si es así, cosa solamente 5 cm para asegurar la línea de costura a máquina; saque la prenda de la máquina y, utilizando hilo de hilvanar pase una línea de pequeñas y precisas puntadas de hilván por la línea de ajuste desde el lado de la prenda tomando las puntadas rectas a través hasta la vuelta. Luego puede volver la prenda y coser a máquina desde el lado de la vuelta, pero utilizando estos hilvanes como guía (Fig. 11b).

(X) Quite todos los hilvanes e hilvanes de sastre. Remate firmemente los extremos de las costuras de máquina.

(VIII) Hilvane toda la vista al cuello, desde el centro de la espalda alrededor hasta el centro del delantero y la costura hacia abajo del delantero y haga lo mismo en la segunda parte (Fig. 10).

(IX) Cóselas en su sitio desde el lado de la prenda para seguir la línea marcada del cuello. Comience a coser en la costura del cen-

(11b)

(11a)

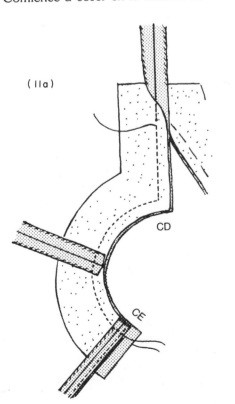

CD

CE

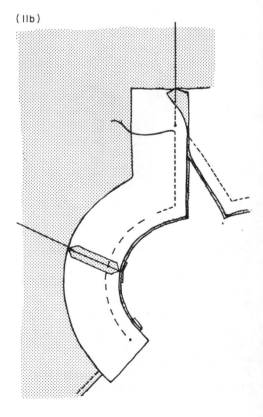

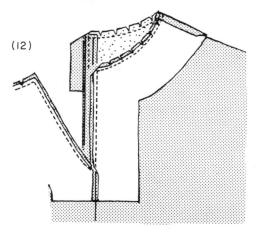

(12)

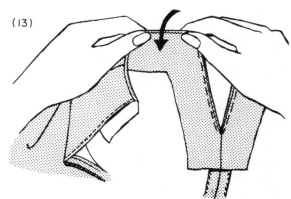

(13)

(XI) Recorte la vuelta de la prenda con la entretela fijada, a 6 mm de ancha, recorte el borde de la vista a 3 mm de ancho. Si la tela se deshilacha mucho, deje un poco más de ancho. El borde de la prenda se deja más ancho para evitar que se vea un ribete. Piquetee las vueltas hacia la costura cada 6 mm todo alrededor de la parte curvada del cuello, incluyendo la zona de las costuras de hombro (Fig. 12). Use sus tijeras pequeñas y tijeretee hasta cerca de la costura. Corte las esquinas en el centro de la espalda y el delantero.

(XII) Coloque el vestido sobre el planchamangas, con el derecho hacia fuera, utilice una plancha de vapor si es posible; planche primero la costura y luego pase la plancha rápidamente alrededor del cuello bajo las vistas, empujando éstas de manera que se levanten rectas. No intente planchar las vistas volviéndolas por encima y no mantenga la plancha ahí por demasiado tiempo.

(XIII) Quite el trabajo de la tabla de planchar y con el revés hacia usted, enrolle las vistas por encima hacia sí, trabajando sólo 1,3 cm cada vez, sosteniendo entre el pulgar y el índice y enrollando hasta que la costura quede justo en el borde y no haya ningún pliegue en ella. Enrolle la junta 3 mm hacia usted, de forma que no se vea al usar la prenda, e hilvane (Fig. 13). Haga pequeñas puntadas, una por una, enrollando cada 1,3 cm antes de hilvanar. Hilvane justo por debajo del borde; la distancia exacta varía según la tela pero puede ser de alrededor de 3 mm para los materiales delgados y 6 mm en los más gruesos. Si hilvana demasiado cerca del borde para la tela, ésta se flexará simple-

mente hacia arriba, forzando las puntadas a separarse.

(XIV) Planche el borde desde el revés. Planche firmemente con plancha de vapor o con plancha seca y muselina húmeda. Recuerde que los movimientos cortos e incisivos no dejarán huella de los hilvanes sobre el borde, pero un planchado pesado y prolongado, especialmente con la plancha demasiado fría, dejará con seguridad marcas.

(XV) Recorte el borde exterior de las vistas para igualarlo y púlalo por cualquier procedimiento que haya demostrado tener éxito en los otros bordes de la tela. Planche el pulido, no con las vistas apoyadas en la prenda, sino levantadas y separadas de ella.

(XVI) Para sujetar las vistas en su lugar corte trozos de 5 cm de Wundaweb, deslícelos a intervalos entre las vistas y la prenda (Fig. 14).

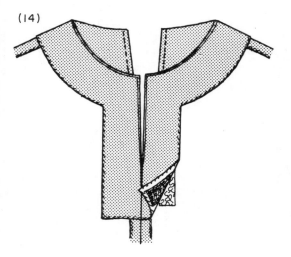

(14)

Primero coloque el vestido sobre el plancha-mangas para mantener su forma. Si las vistas son muy estrechas en algunos sitios el Wun-daweb puede cortarse en dos. Si la tela se deshilacha de mala manera, o es elástica, puede ayudar a poner primero unas piezas más estrechas de Wundaweb metidas junto a la costura del cuello y plancharlas, para que se adhieran, antes de colocar las más grandes. Planche primero por el revés sobre la misma vista utilizando la plancha de vapor, luego plache un poco más firmemente, pero antes de que se enfríe vuelva la prenda del derecho y vuelva a planchar utilizando un trapo, si es necesario, para proteger la tela. El doble planchado con vapor fundirá por completo el Wundaweb y lo mantendrá firmemente en su lugar. Si alguna vez se despega y levanta la vista, sencillamente vuelva a planchar, introduciendo otro trozo de Wundaweb si parece necesario.

También, volviendo rápidamente del derecho puede corregir cualquier arruga que se haya formado, antes de que se enfríe el Wundaweb.

Si la tela es blanda, ayuda a sostener la ranura del cuello del vestido básico, colocar una cinta más larga de Wundaweb bajo esta parte del cuello.

3.4. Unión de la cintura

Todas las modificaciones hechas en la prueba que cambien las pinzas o costuras deben comprobarse de modo que ahora casen todas. Los extremos de las costuras y pinzas deben recortarse en ángulo para reducir el abultamiento.

(I) Extienda la falda sobre una mesa con el derecho hacia arriba, coloque el cuerpo encima con el derecho hacia abajo. Case las líneas de ajuste y case las pinzas, las costuras de costado y costura del centro del delantero. Compruebe muy cuidadosamente que los bordes del centro de la espalda son de igual longitud en cada lado desde el cuello a la cintura y desde la cintura al bajo.

(II) Coloque un alfiler a través de cada junta e hilvane con puntadas pequeñas y un punto atrás de vez en cuando. Hilvane hacia arriba el centro de la espalda hasta el punto en que irá la cremallera.

(III) Quite los alfileres y pruebe. Si se va a usar cinturón debe ponerse. Haga los ajustes necesarios donde la costura sea desigual o si se muestra por encima o por debajo del cinturón. Si es difícil encontrar la posición

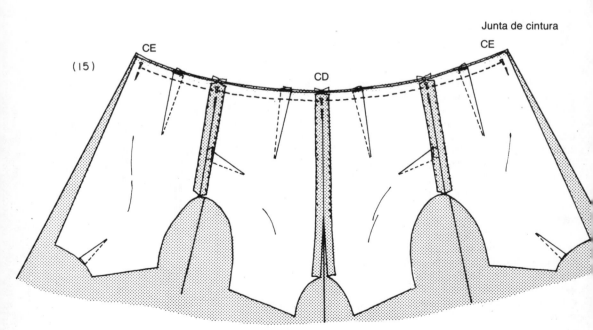

Junta de cintura

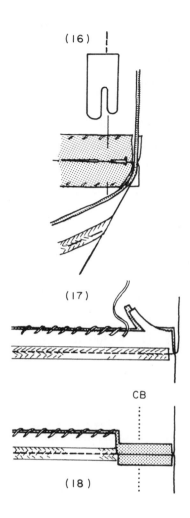

(16)

(17)

CB

(18)

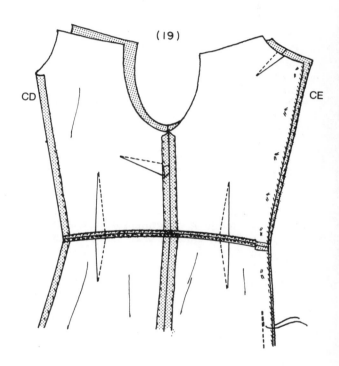

(19)

CD

CE

(VIII) En la costura del centro de la espalda recorte las vueltas a 6 mm, hasta 2,5 cm de la costura y plánchela abierta, tijereteando la vuelta inferior si la unión de la cintura está planchada hacia arriba (Fig. 18).

(IX) Una y cosa la costura del centro de la espalda, puliendo los bordes hasta lo alto del cuello preparados para insertar la cremallera (Fig. 19).

exacta de la cintura, coloque la guía de ajuste de cinturilla como indicación.

(IV) Quite el vestido y marque las modificaciones. Vuelva a hilvanar y pruebe otra vez.

(V) Hilvane un trozo de cinta o banda de costura a lo largo de la costura en el lado de la falda.

(VI) Vuelva a poner los alfileres en las costuras cosa a máquina desde el lado del cuerpo yendo despacio sobre los alfileres (Fig. 16).

(VII) Quite los alfileres y los hilvanes. Recorte los bordes en bruto a 1,3 cm. Planche la costura abierta y luego en las telas ligeras y medias plánchelas hacia arriba del cuerpo y púlalas juntas por sobrehilado o zigzag (Fig. 17). En telas más pesadas planche la costura abierta, piquetándola ocasionalmente y pula los bordes separadamente.

3.5. Cierres de cremallera

Es un cierre eficaz y de aspecto profesional, con tal que se coloque con cuidado y conociendo los puntos siguientes. La cremallera puede insertarse antes o después de colocarse las vistas.

Puntos generales

(I) Las cremalleras son raramente defectuosas cuando las compra; se hacen a kilómetros, en maquinaria altamente automatizada, y se prueban totalmente antes de salir de la fábrica. Sin embargo si compra una cremallera barata sin marca, puede estar hecha con materiales de baja calidad.

(II) Su cremallera puede romperse si la prenda es demasiado apretada, o si la cremallera es verdaderamente corta y está forzando el tope cada vez que la usa.

(III) Coser a través del extremo inferior no la refuerza (el esfuerzo de la costura y el de la cremallera soportan el esfuerzo entre ambas) y puede producir un bulto, especialmente en las telas gruesas.

(IV) Remate todos los hilos firmemente.

(V) No estire la tela cuando la hilvane o planche. Recuerde que la cinta de la cremallera es rígida y no puede estirarse pero la tela es blanda y a menudo está al bies.

(VI) Cosa siempre desde abajo de la cremallera hacia arriba, hacia el extremo abierto y así cualquier empuje sobre la tela no se traducirá en un abultamiento en la parte baja. Donde haya de poner una cremallera en un borde ya terminado arriba, es obvio que no debe haber allí ningún movimiento. En tal caso fije firmemente los bordes de arriba con cantidad de sobrehilado antes de hilvanar y luego ponga la cremallera a mano, incluso aunque luego cosa a máquina sobre el cosido a mano.

(VII) La decisión de coser una cremallera a mano o a máquina dependerá de la tela que esté usando. La cinta de la cremallera es una sarga fuerte de algodón denso o de fibra sintética y si su tela es de diferente peso y textura cuando está doblada, por ejemplo: chifón, seda, terciopelo y otras muchas telas, cosa a mano pues es probable que la presión del pie de la máquina empuje la tela de encima pero no la cinta más pesada de debajo. También con telas muy voluminosas como el tweed y algún Crimplene la presión del cosido a máquina puede producir un ribete abultado. Puede que usted trate intencionadamente de crear este efecto, pero si no es así cosa la cremallera a mano.

(VIII) Las cremalleras modernas acreditadas no se deslizan abriéndose solas, pero en una prenda ajustada prieta, ayuda a disminuir el esfuerzo colocar un cierre en la parte alta: un corchete o una tira delgada de Velcro. Este debe cerrarse antes de cerrar la cremallera. Si hay una tirilla, pretina, etc., estos sirven para la misma finalidad y es innecesario otro cierre. El corchete no se debe colocar nunca para llenar un hueco en la parte de arriba.

(IX) Elija la cremallera de acuerdo con la tela, poniendo las cremalleras más finas en las telas ligeras y las de metal en telas pesadas. El caracter de la prenda también debe tenerse en cuenta. Una cremallera metálica está más a juego con ropa de algodón de a diario, incluso en género de punto blando de algodón. Las cremalleras invisibles, en las que no se muestra ninguna costura por el derecho de la prenda son excelentes para faldas y pantalones.

(X) Donde la longitud de la abertura es crítica para poderse poner la prenda, calcule la longitud de la cremallera que se necesitará. Por ejemplo sólo las mujeres muy delgadas pueden introducirse por los pies en una falda sin trincha con una cremallera de 20 cm. Si hay una trincha añadida, esto baja la cremallera unos 7 cm y hace la abertura tanto más larga.

Mida la parte más ancha de la prenda que se ha de poner, pueden ser los muslos, las caderas, los hombros o el pecho. Corte un trozo de cinta o un trozo largo de tela sobrante, prenda con un alfiler esta medida y pruébesela. Alárguela si ve que no se la puede poner y luego compruebe que la longitud total de la abertura de la prenda, p.e. cintura más dos lados de la cremallera o cuello más dos lados de la cremallera, sea por lo menos igual a la longitud de esta medida. Si tiene 5 cm de holgura, tanto mejor.

Colocación con los bordes iguales

Es probablemente el método más fácil de colocar una cremallera para cualquiera que no sea muy experto, y es más sencillo hacerlo en un cuello de línea lisa acabado con vistas. De lo contrario habrá de habérselas con la parte alta de la cremallera.

Método 1

(1) Vuelva hacia dentro e hilvane ambos bordes del centro de la costura de la espalda de manera que los hilvanes de sastre queden en el borde del pliegue. Planche estos bordes colocando el trabajo sobre el planchamangas con el derecho hacia abajo; fije las dos puntas del cuello con alfileres y colocando otro justo debajo de la parte inferior de la abertura, hundiendo los alfileres en el almohadillado de planchamangas. Esto le ayudará a asegurar que ambos bordes permanezcan de la misma longitud y no se estiren. Planche cuidadosamente con plancha de vapor o plancha seca con muselina húmeda (Fig. 20).

Si la prenda está armada, la tela inferior actúa de soporte para la cremallera, pero si se usa una sola capa o un material muy ligero, pruebe a deslizar una tira estrecha de

Wundaweb dentro mientras hilvana los bordes para plancharlos.

(II) Quite el trabajo de la tabla de planchar. Con la cremallera cerrada y comenzando desde el borde del cuello coloque el pliegue de la tela un poco más allá de la mitad de los dientes. Hilvane. El efecto de hacer las puntadas de hilván es retrasar el borde un poco de los dientes, por esto es mejor comenzar con él bien encima del dentado (fig. 21). Hilvane el segundo lado, comenzado otra vez en el cuello para asegurar que el carro está situado justo por debajo de la línea de ajuste, y que las líneas de ajuste están a nivel.

(III) Sobrehíle entre sí los dos bordes plegados utilizando hilo de hilvanar (Fig. 22).

(IV) Cosa la cremallera; o bien a mano con punto clavado o a máquina, comenzando abajo y trabajando hacia arriba hasta el borde del cuello. Esto evita la posibilidad de formar una ampolla abajo. Además si puede evitar la tentación de coser a través de la parte baja, también evitará el abultamiento. No intente coser demasiado cerca de los dientes, pues esto atasca el material de la cremallera y esto se notará enseguida que la abra. Si cose a máquina no use una puntada demasiado pequeña (Fig. 23).

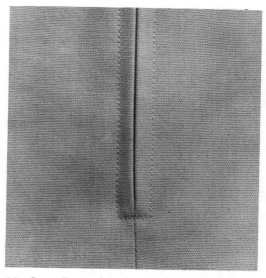

11. *Cremallera colocada por el método de lados iguales (cortesía de Lightning Fasteners Ltd.).*

(V) Deshaga el hilvanado pero no el sobrehilado y planche la costura plana por ambos lados de la prenda. Finalmente quite el sobrehilado y corra suavemente la cremallera arriba y abajo unas cuantas veces.

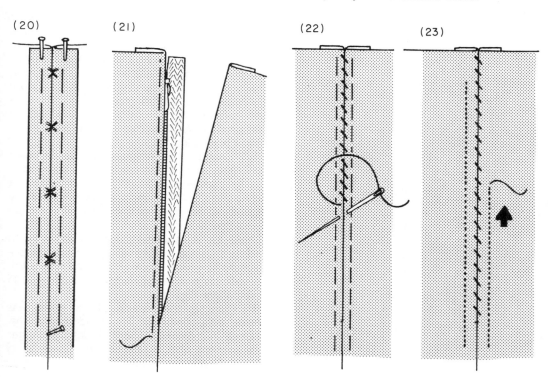

(20)   (21)   (22)   (23)

Colocación con bordes desiguales

Algunas personas prefieren este método en cualquier parte que deban colocar una cremallera dentada convencional, y no hay problemas si después se tiene que colocar allí una tirilla, cuello o una trincha.

La principal ventaja de este método es que los dientes quedan completamente tapados. Para hacer esto la cremallera debe remeterse un poco más bajo la parte que tapa. No hay ningún problema por el que no pueda utilizarse este sistema que se encuentra en muchas ropas que se compran confeccionadas, simplemente una vuelta más estrecha en un lado y una más ancha en el otro, una costura continua a máquina alrededor y una cremallera que aún se muestra.

(I) Mida la longitud de la línea de dientes contra la prenda desde la línea de ajuste. Coloque el carro 3 mm por debajo de esta línea para permitir que la tela pueda volverse más tarde. Cierre la costura justo hasta por debajo del tope final de la cremallera, plánchela abierta pero no pula los bordes todavía.

(II) Vuelva del revés hilvane y planche la vuelta del lado que ha de ser más ancho o tapa de cubrir (Fig. 24).

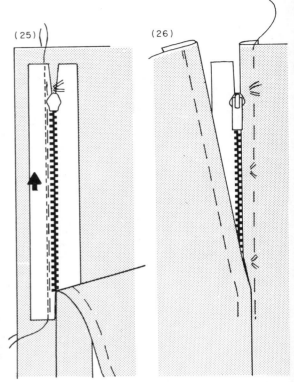

(25)   (26)

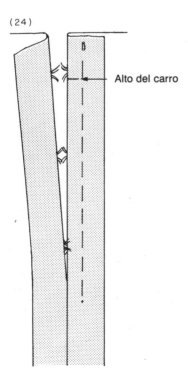

(24)

Alto del carro

(III) Disponga la abertura de manera que la pieza que justo acaba de hilvanar doblada sobre el revés deje al descubierto la vuelta de debajo con el derecho hacia arriba. Coloque en posición la cremallera cerrada con la cara hacia abajo y los dientes exactamente sobre la línea de costura marcada por los hilvanes de sastre. Hilvane cerca de los dientes dando un punto atrás de vez en cuando para sostenerla bien (Fig. 25).

(IV) Ponga en la máquina el pie de coser cremalleras o de ribetear, ajuste y cosa cerca de los dientes trabajando desde el lado de la cremallera, comenzando en la parte baja y cosiendo de extremo a extremo de la cinta (Fig. 25).

Quite los hilvanes. Ate los extremos de la costura. Vuelva la cremallera hacia arriba doblando la vuelta hacia abajo e hilvane a través de las dos capas de tela y la cinta de la cremallera (Fig. 26).

(V) Planche este borde ahora pues más tarde no podrá hacerlo cómodamente. Disponga la cremallera sobre el planchamangas de manera que la tela no tire. Envuelva el trapo de muselina mojado sobre la punta de

la plancha sosteniéndolo hacia arriba con la otra mano. Planche colocando la punta de la plancha aproximada contra los dientes moviéndose a lo largo después de haber examinado el planchado. No planche sobre los dientes pues la muselina estará por encima de la pieza a planchar más que sobre ella y su efecto será formar vapor entre la muselina y la prenda la cual, sin la plancha para alisarla, formará ampollas.

(VI) Lleve el borde del pliegue previamente hilvanado por encima, cubriendo la crema-

12. *Cremallera invisible; se ve como una costura (cortesía de Lightning Fasteners Ltd.).*

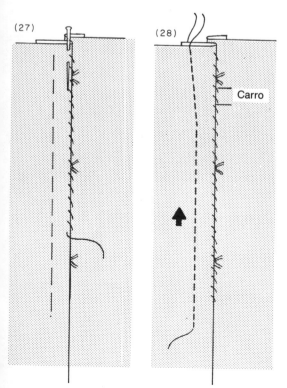

llera pasándolo por los hilvanes de sastre de al lado de la cremallera. Clave el nivel de arriba con un alfiler, luego comenzando por abajo hilvane al lado de los dientes para sujetar el lado de la tapa hacia abajo. Sobrehíle el pliegue a la prenda (Fig. 27). Si la tela es resbaladiza y la cremallera es especialmente gruesa, es una ayuda sobrehilar primero el pliegue en su posición e hilvanar después junto a los dientes.

(VII) Cosa a mano o a máquina. Cosa desde el derecho comenzando en la parte baja y trabajando hacia arriba hasta los bordes en bruto de la prenda (Fig. 28). A 1,5 cm del carro incline la costura en ángulo hacia afuera. Esto hace un hueco más ancho para ocultar el carro.

Quite todos los hilvanes. Planche la costura, no la cremallera en sí, con la punta de la plancha y el trapo de muselina, como antes.

Cremalleras ocultas

Las cremalleras totalmente ocultas, tales como las hechas por Lightning Ltd, son diferentes de las convencionales porque cuando se cierran los dientes quedan en la parte interior de la cremallera y así no pueden verse. Esto significa que si se han cosido cerca de los dientes las telas se acercan entre sí, teniendo la apariencia de una costura. Estas

(29)

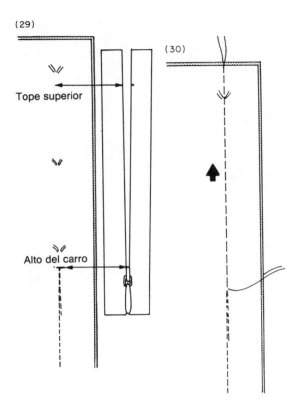

Tope superior

Alto del carro

(30)

la cinta y a través de las vueltas pero no a través de la prenda como en una cremallera corriente. Hilvane firmemente con un punto atrás cada 5 cm (Fig. 31).

(V) Quite las puntadas de máquina que sostienen la costura entre sí. Abra la cremallera. Para coser la cremallera dé los puntos tan cerca como sea posible de los dientes, enrollándolos hacia arriba para que vayan realmente cerca (Fig. 32). Comience a coser en la parte alta de cada lado. Cosa a cada lado sólo a través de las vueltas.

Cómo coser:

(a) A mano

Encere el hilo para dar resistencia y cosa con punto atrás de extremo a extremo de la cinta; comience desde arriba de la cremallera trabaje tan cerca como sea posible del carro, moviéndolo un poco si esto lo hace más fácil, aunque el cosido será un poco separado en este punto. Si tiene miedo de que el cosido a mano no pueda ser suficientemente fuerte haga una costura a máquina a 6 mm

(31)

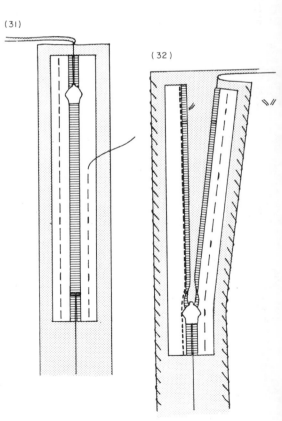

(32)

cremalleras son ligeramente diferentes de colocar, pero es muy fácil, porque incluso un principiante no tiene ninguna dificultad si las costuras son rectas. Utilice una cremallera de 23 cm, a menos que sus caderas sean muy esbeltas en cuyo caso utilice una de 20 cm, o de 55 cm para un vestido.

(I) Abra la cremallera y colóquela al lado de la costura donde ha de ir. Ponga el tope de arriba 6 mm más abajo de la línea de ajuste, marque abajo con jaboncillo un punto nivelado con la parte superior del carro de la cremallera (Fig. 29).

(II) Cierre la costura donde irá la cremallera, empleando una puntada de máquina larga. Cosa desde el final de la costura ya hecha hasta el borde exterior de la prenda para evitar una arruga en la parte baja (Fig. 30).

(III) Planche la costura abierta. Pula los bordes, si no lo ha hecho ya cuando hizo el pulido del resto de la costura.

(IV) Coloque la cremallera en el revés de la costura con el derecho hacia abajo, alinee el centro de la cremallera con la línea de la costura. Hilvane dando las puntadas a través de por fuera a través de la cinta y la vuelta (Fig. 32).

(b) A máquina

Puede usarse un pie ordinario de ribetear o un pie de cremalleras, guiando el trabajo para mantener la aguja cerca de la cremallera.

Cosa hasta alcanzar el carro y luego pare y quite el trabajo. Cosa el otro lado. Desplace el carro y complete la costura desde la costura anterior hacia abajo hasta el final de la cinta. Esta costura podrá llegar más allá de los dientes pero si deja una abertura más corta que el largo de la cremallera como se ha explicado en el punto (I) al comienzo no se verá.

Puede encontrar más fácil hacer la última parte de la costura a mano, enhebrando los hilos de la costura a máquina en una aguja y cosiendo con punto atrás.

(VI) Remate todos los extremos y corte los hilos al ras. Abra y cierre la cremallera unas cuantas veces suavemente, para que los dientes se sitúen hacia atrás en posición.

3.6. Colocación de las mangas

Antes de colocar las mangas establezca una sisa bien ajustada en el vestido. La dificultad reside en juntar entre sí las dos curvas, muy diferentes, de la sisa y la manga y al mismo tiempo dejar suficiente holgura para el movimiento y lograr una buena caída. En una manga lisa arriba debe resistirse a la tentación de resolver el problema de la holgura introduciendo un hilo de fruncir pues esto sólo daría como resultado una manga fruncida.

La colocación se hilvana mejor en dos etapas, el sobaco seguido por la parte alta del hombro y si aprecia primero la manera en que trata de distribuir la holgura lo encontrará más fácil. En la parte del sobaco no se necesita holgura en absoluto pero por ningún motivo debe estirarse la manga. De la amplitud sobrante en la enmangadura disponga un poco para los 5 cm de debajo del sobaco; más de la mitad de lo que se deje debe ir hacia el delantero entre la costura del hombro y la marca de aplomo, mientras que menos de la mitad se utiliza en la espalda porque el hombro es más plano y no sobresale el hueso del hombro como en el delantero.

Hilvanado de las mangas

(I) Vuelva el cuerpo con el derecho hacia afuera y tenga las mangas con el derecho hacia afuera.

(II) Tome la manga derecha lista para colocar en la sisa derecha. Compruebe que tiene la manga correcta doblándola a lo largo de la costura y alisándola en la enmangadura. Los bordes cortados no estarán nivelados, porque el delantero ha sido rebajado y el de la espalda extendido para permitir el movimiento (Fig. 33).

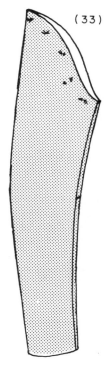

(33)

(III) Coloque la costura de la manga sobre la costura del costado y préndala con alfileres (Fig. 34). Coloque juntas las líneas de costura del sobaco en unos 7,5 cm a cada lado del primer alfiler, hilvane con puntadas bastante pequeñas, remate los hilvanes y quite los alfileres.

(IV) Hilvane inmediatamente la parte inferior de la manga izquierda de la misma manera.

(V) Para colocar la cabeza de la enmangadura vuelva el cuerpo con el revés hacia afuera enrolle hacia atrás la parte alta de la sisa. Estire la parte alta de la enmangadura a través de la abertura y déjela en posición sobre el cuerpo con las líneas de ajuste ca-

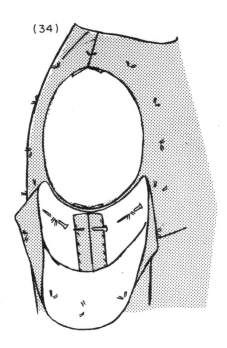

(34)

sando. Deslice sus dedos bajo las dos vueltas para apoyarlas mientras las prende. Coloque un alfiler en la manga en ángulo recto con los bordes cortados. Continúe prendiendo a intervalos repartiendo la holgura con cada alfiler que inserte. No deje que se forme ningún pliegue de tela entre cualesquiera de los dos alfileres. Si esto sucede quite unos cuantos alfileres y extienda de nuevo la holgura (Fig. 35). Los bordes en bruto se aflautarán a medida que usted vaya prendiendo pero en la línea de ajuste misma no debe de haber pliegues de tela. Mientras prende recuerde la ¬osición, descrita anteriormente, donde se ¡ecesita más o menos holgura.

Colocación de mangas

(35)

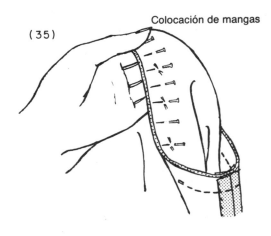

Pase inmediatamente a la segunda manga y préndala para asegurarse de que ambas presentan el mismo aspecto.

(VI) Hilvane la parte alta de la manga con puntadas muy pequeñas y quite cada alfiler a medida que llegue a él.

Si, accidentalmente, con alguna sarga de fibra sintética, le resulta imposible alisar la manga de esta manera, puede pasar una costura a máquina, con puntada regular, alrededor de la parte alta de la manga en la línea de ajuste. Esta no podrá estirarse pero ayudará a evitar que la manga se estreche y alargue.

Cosido de las mangas
Después de probar y ajustar pueden coserse las mangas.

(I) A mano
En cualquier material blando y bastante grueso o que tenga una superficie interesante coloque las mangas cosiendo a mano. Esto asegurará que la holgura no se aplastará en pliegues como sucede a veces si se cose a máquina alrededor de la sisa.

Si sostiene el trabajo con la manga por encima, como hizo al hilvanar podrá controlar la holgura a medida que cose y estar segura de que no se forman pliegues fruncidos en la parte alta de la manga. Sin embargo, cosiendo con el cuerpo hacia sí asegurará una línea más uniforme de la sisa. Puede resolver un compromiso cosiendo desde el lado de la sisa en la mayor parte de ella (Fig. 36a) pero volviéndola por encima cuando comience con la parte de encima de la manga (Fig. 36b).

Utilice hilo doble, pasado por cera de abejas para reforzarlo y pegarlo entre sí, y cosa con punto atrás alrededor de la sisa justo al lado de los hilvanes. Tome cada vez sólo medio punto atrás, no directamente atrás del punto anterior (Fig. 36c). Esto hace un punto mucho más cerrado. Estire el hilo bastante tenso, aunque una de las ventajas del cosido a mano es que la tensión es menor que la del cosido a máquina, y esto significa en las mangas que mantendrá una línea blanda no apretada.

(II) A máquina
Si está utilizando algodón o cualquier material liso y fino que se estira separándose, mostrando el cosido a mano, cosa las man-

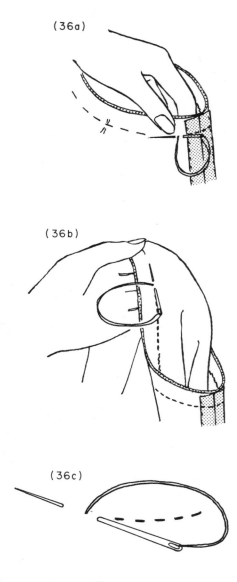

(36a)

(36b)

(36c)

cupada de cómo habérselas con la holgura cuando pase bajo la máquina, cosa con punto atrás solamente la parte alta de la manga para fijar la parte difícil y luego cosa a máquina todo alrededor de la sisa, cosiendo en la parte alta exactamente encima de su cosido a mano.

Recortado y pulido de la sisa

En todas las telas, excepto en las transparentes, recorte solamente el borde deshilachado de las vueltas, dejando 1,3 cm para pulir. Esta ancha vuelta apoyará lo alto de la manga y la mantendrá en buena forma (Fig. 37 a). Pula los bordes cortados según sea la tela, utilizando cualquier método que haya encontrado mejor para las costuras.

En las telas transparentes recorte los bordes a menos de 1,3 cm, y bien sobrehíle muy limpiamente o vuelva los bordes hacia adentro uno contra otro y cósalos entre sí a punto escondido (Fig. 37 b). Los bordes pueden ribetearse con tal de que no añada un bulto feo (Fig. 37 c).

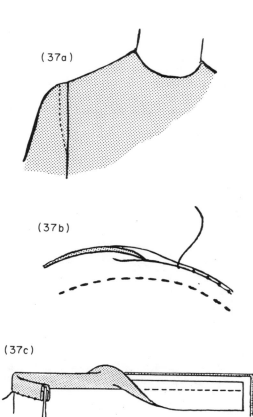

(37a)

(37b)

(37c)

gas a máquina. Si tiene un brazo libre en la máquina utilícelo. Deslice la sisa sobre el brazo con la manga en la parte superior de manera que pueda observar la holgura. Ajuste la máquina a una puntada ligeramente menor que para las costuras y cosa lentamente, trabaje solamente dos o tres puntadas cada vez antes de alisar el trabajo alrededor. Sobre género de punto utilice un punto en ligero zigzag. Remate fuertemente solapando la costura de máquina por lo menos 2,5 cm.

(III) Cosido combinado a mano y máquina
Si la tela es delgada y firme, pero está preo-

Planchado de las mangas

La parte principal de la manga ha sido ya planchada durante la confección, pero si necesita retocarse deslice una toalla plegada en la manga y planche, desplazándola para planchar por debajo.

Planche las vueltas de lo alto de la manga hacia la manga, pero deje las vueltas del sobaco sin planchar y levantadas dentro de la sisa.

Para planchar la cabeza de la manga doble una toalla en forma de cubo e introdúzcala en el hombro y un poco en lo alto de la manga. Sostenga la toalla en una mano con la prenda encima, y con la otra mano envuelva la muselina mojada sobre ella y luego planche con la punta de la plancha, trabajando solamente a lo largo de la costura de la manga (Fig. 38). Planche de esta manera hacia arriba, del frente de la sisa sobre la parte alta, y hacia abajo a la espalda, pero no debajo del brazo. Pase a la otra manga sin dejar caer la prenda, planche la segunda manga y ponga la prenda inmediatamente en un colgador.

En telas blandas, tales como de lana, quite rápidamente el trapo después de planchar y pellizque suavemente hacia arriba en lo alto de la manga para darle forma, sosteniendo en la manga las vueltas de dentro y parte de la costura del hombro. Cuando trabaje en algodones y algunos rayones puede ser capaz de utilizar una plancha de vapor para planchar.

3.7. Ojales

Ojales ribeteados

Estos son los ojales más fáciles de hacer, salvo los hechos a máquina, y el método es el mismo que para hacer bolsillos ribeteados.

(I) Posición

Cuando se usa la prenda, el botón se sitúa en el extremo del ojal, por ello la distancia entre el borde de la tela y el comienzo del ojal debe igualar al diámetro del botón, de lo contrario el botón se saldrá del borde. Si el borde tiene forma, como en el caso de las trabillas debe ir aún más atrás si lleva un botón grande.

(II) Marcado

Marque la posición de los ojales con jaboncillo o hilvanes poniendo una línea para señalar el comienzo de los ojales y otra para señalar el final. Marque a través de las líneas para señalar la posición horizontal de los ojales.

(III) Preparación del ribete

Corte una tira de tela al hilo de 2,5 cm de ancho y suficientemente larga para hacer tiras a cada lado de cada ojal más vueltas en cada extremo. Planche Bondawed (papel con respaldo adhesivo) en el revés. Cuando se haya enfriado arranque el papel. Doble la tira por la mitad a lo largo y plánchela para fundir el adhesivo y pegar la tira.

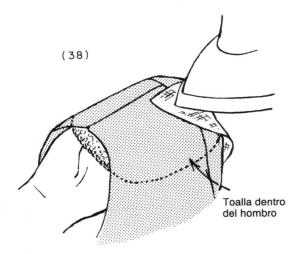

(38)

Toalla dentro del hombro

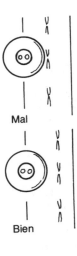

Mal

Bien

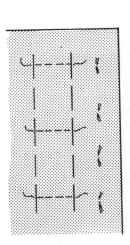

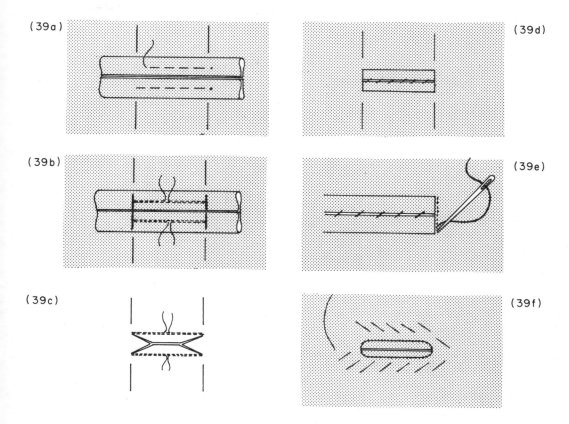

(39a)
(39b)
(39c)
(39d)
(39e)
(39f)

Recorte el ribete tan estrecho como pueda según la tela. El ancho debe ser de unos 7 mm para las telas finas y más ancho en las telas gruesas. El ribete acabado tendrá la mitad del ancho a que usted lo corte.

(IV) Fijación de los ribetes
Corte los ribetes en partes de igual longitud y colóquelos con los bordes juntándose sobre la marca del ojal. Hilvánelos. (Fig. 39). Vuelva a marcar la longitud exacta de los ojales con jaboncillo a través de los ribetes.

Cosa a máquina cada ribete (Fig. 39 b). Utilice una puntada pequeña; comience en la mitad y trabaje hasta un extremo, dé la vuelta y cosa hasta el extremo más distante, dé la vuelta y cosa hacia atrás hasta el centro. Esto le proporciona mayor resistencia y significa también que no tiene que coser todos los extremos del hilo para rematarlos. Quite los hilvanes.

En el revés corte el centro del ojal entre las líneas de costura y luego corte hacia afuera hasta las esquinas (Fig. 39 c).

Empuje los ribetes a través del corte hacia el revés. Por el derecho sobrecosa los bordes doblados y planche (Fig. 39 d).

Recoja por detrás los triángulos de los extremos y fíjelos haciendo una costura picada a través de todas las capas transversalmente al extremo del ojal (Fig. 39 e).

Doble la vista o tela de respaldo en su posición, detrás del ojal e hilvane. Marque la medida exacta del ojal con alfileres y corte entre ellas. Vuelva hacia adentro el borde cortado y cosa con punto de dobladillo alrededor para acabarlo (Fig. 39 f).

Ojales a mano
Estos necesitan destreza y paciencia y sólo deben intentarse sobre una prenda después de bastante práctica.

Marque la posición como para los ojales ribeteados.

(I) Hilo
En las telas finas utilice su hilo de coser de máquina, en las más gruesas utilice hilo do-

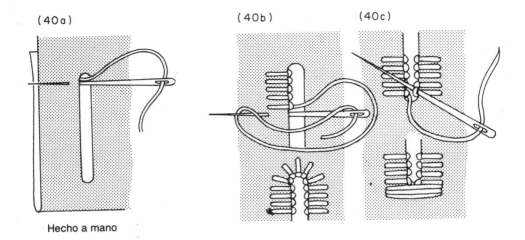

(40a)   (40b)   (40c)

Hecho a mano

ble de ojales, o un hilo especialmente grueso tal como el de costura gruesa de Coats. Utilice una sola hebra larga anudada.

(II) Corte
Corte uno sólo cada vez cuando lo vaya a trabajar. Coloque un alfiler a través de un extremo de la marca del ojal y otro fuera en el otro extremo; doble la tela plana y tijeretéela. Quite el alfiler y recorte cuidadosamente en los agujeros dejados por él.

(III) Cosido
Comience en el extremo más alejado del borde de la tela y estirando del hilo hacia arriba entre las capas dejando el nudo un poco alejado del revés, para cortarlo más tarde (Fig. 40 a). Trabaje con punto de ojal, cosiendo hacia usted, tomando puntadas cortas y envolviendo el hilo alrededor de la aguja hacia usted. Después de hacer cada puntada estire el hilo para colocar el nudo en posición. Los nudos deben tocarse de manera que quede espacio entre las puntadas hacia afuera. En el extremo del fondo haga las puntadas más cortas y estire los nudos encima de la tela para dejar espacio para el tallo del botón. Trabaje un número impar de puntadas, digamos cinco, alrededor del extremo (Fig. 40 b).

En el extremo alejado haga una puntada a través de la primera puntada trabajada, para cerrar el final y luego trabaje una corta barra de puntadas a través del final. Estas puntadas deben embeberse en la tela y verse difícilmente (Fig. 40 c). Algunas personas traba-

jan una barra gruesa de puntos de ojal en este punto, pero se ven mal incluso cuando el botón está cerrado y hace feo.

Ojal de sastre
En el borde del ojal se coloca un cordoncillo para darle resistencia y las puntadas se trabajan por encima de él. Emplee un cordoncillo de sastre de varios cabos o un trozo de torcido para ojales.

Sostenga el cordoncillo bajo su pulgar mientras trabaja, ya que los puntos de ojal deben trabajarse en otra dirección, es decir alejándose de usted. Por lo tanto envuelva el hilo sobre la aguja en la otra dirección, es decir alejándose de usted.

Después de terminar estire los extremos del cordoncillo y páselos al revés. Corte los extremos y sujételos con varias puntadas de través.

3.8. Botones y cierres de presión

Botones
Los botones deben coserse a través de dos capas de tela y una capa de entretela como mínimo, de lo contrario el esfuerzo sobre la tela la desgarrará en poco tiempo. Si no se dispone de estas tres telas se han de añadir. Este añadido puede ser un trozo de tela fuerte, tal como popelín o linón o, para un solo botón, un cuadrado de cinta doblada o un trozo de lienzo o Vilene. La elección del refuerzo depende de la prenda y de la posi-

ción de los botones. También, si es manifiesto que la tela utilizada no es suficientemente fuerte incluso en doble capa, por ejemplo, chifon, mohair, también debe añadirse otra capa de algo más firme y si esto puede estropear la apariencia externa queda claro que el cierre abotonado es una elección equivocada de cualquier manera.

Elección de la aguja y el hilo
Utilice una aguja más grande, de entre las que tiene para coser a mano el resto de la prenda, para hacer un agujero más grande para tomar el hilo.

Para abrigos y prendas pesadas use hilo para botones, hecho corrientemente de lino, para telas ligeras utilice hilo de coser. Enhebre la aguja, ponga la hebra doble y anude el extremo. Pase la hebra por la cera desde el nudo a la aguja tres veces, luego retuerza el hilo entre sus palmas empezando desde el nudo. Retuerza cada vez la longitud igual al ancho de sus palmas, enrolle la parte retorcida alrededor de su pulgar, con lo que queda colocada en su lugar la parte siguiente a retorcer. Este recubrimiento de cera hace al hilo más fuerte y el retorcido lo hace aún más fuerte y además evita que se separen las hebras cuando cose (Fig. 41).

Es una buena idea enhebrar varias agujas para botones, digamos una para cada dos botones, antes de comenzar. Así no tendrá la tentación de coser con menos hilo al final de una aguja.

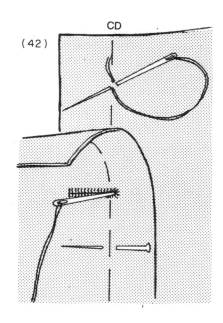

(42)
CD

Prenda la abertura de la prenda con alfileres entre los ojales. Introduzca la aguja rectamente en el extremo más alejado del ojal sobre la línea del centro o donde esté la marca (Fig. 42). Tome la aguja por el revés, quite el alfiler y levante el lado del ojal. Lleve la aguja hacia arriba hacia el derecho. Haga otra puntada como ésta, atravesando hasta el revés y del revés al derecho. Tome un punto a través de la tela sólo por el derecho sin clavar la aguja hacia atrás.

Ahora está lista para coser el botón. Dé por lo menos seis puntadas a través del botón, trabajando desde el derecho, atraviese el botón, la tela, y salga de la tela en un solo movimiento (Fig. 43). La ventaja de este método en oposición a clavar a través hasta el revés, es que proporciona un revés limpio y también que se mantiene el botón sobre su lado y es más fácil hacer un vástago. Mantenga el botón levantado suficientemente de la prenda para dar lugar al grosor del lado del ojal. El vástago debe ser por lo menos de 6 mm de largo en telas gruesas y nunca más corto de 3 mm en ninguna. Mientras da las puntadas manténgalo levantado para comprobar la distancia. No es una buena idea colocar una cerilla o algo similar porque esto producirá solamente un vástago muy corto y además tendrá que utilizar puntadas clavadas, lo que hará que el revés parezca desaliñado. Si el botón tiene un vástago es impro-

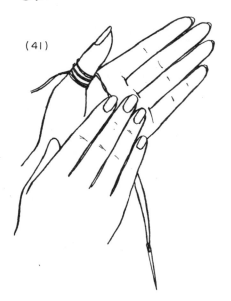

(41)

bable que sea suficientemente largo y así pues añada un poco más cuando la cosa.

Trate en tanto como le sea posible de mantener sus puntadas aproximadamente en el mismo lugar. Si el botón tienen dos agujeros éstos deberán quedar paralelos al ojal (Fig. 43) si hay cuatro, éstos deben disponerse en forma de signo más y no en x.

(43)

Después de dar bastantes puntadas a través del botón lleve la aguja afuera cerca del vástago y enrolle el hilo alrededor. Comenzando por la base y enrollando tres o cuatro veces, dé un tirón al hilo para apretarlo y luego enrolle otra vez desde arriba hacia abajo, estírelo para apretarlo (Fig. 44).

(44)

Introduzca la aguja y dé dos o tres puntadas a través de la base del vástago (Fig. 45 a). Tome la aguja a través hacia el revés dando unas pocas puntadas en bucle para enderezar los hilos entre sí. Remate (Fig. 45 b).

El botón debe aparecer ahora claramente levantado sobre la prenda. En piel, cuero, gamuza, etc. evitará posibles desgarrones elegir botones de cuatro agujeros y coser botoncitos de respaldo en el revés, pasando la aguja recta a través de ambos cada vez, pero haciendo un vástago solamente en el de encima.

Cierres de presión

Elija un tamaño pequeño, 00 por ejemplo, pues no debe haber esfuerzo en este punto.

La parte del pitón es menos voluminosa y por ello debe de ir en la parte exterior de la prenda. Deslice un alfiler a través del agujero central y pínchelo en la posición correcta, justo un poco por dentro de la esquina (Fig. 46 a). Utilice una sola hebra, pasada por cera, comenzando con un nudo y haciendo dos puntadas justo debajo del cierre de presión donde está el alfiler. Deslice el cierre hacia bajo del alfiler hasta la tela y haga una puntada a través de cada agujero, para sostener el cierre en posición de manera que no se mueva. Quite el alfiler. Fije el cierre trabajando a punto de ojal, apretadamente, en cada agujero, podrá hacer unas cuatro puntadas en cada agujero. Remate firmemente justo al lado del cierre.

Cierre los botones de la prenda

Desde el derecho de la prenda pase un alfiler a través del agujero del cierre y luego a través del agujero de la otra mitad del cierre: la hembra (Fig. 46 b). Cierre las dos capas de tela y agujeree la de debajo con el alfiler. Levante un poco la tela de encima y haga un punto atrás exactamente donde está el alfiler.

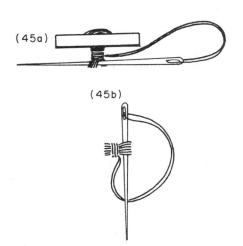

(45a)

(45b)

Fijación de un cierre de presión

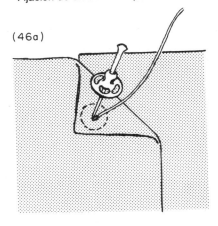

(46a)

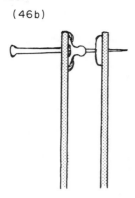

(46b)

Saque el alfiler, deslice la parte hembra sobre él y fíjela en posición sobre el punto. Haga una puntada en cada agujero, quite el alfiler y fije esta parte del cierre con punto de ojal apretado como antes.

3.9. Dobladillos

Si se nota un dobladillo no es corrientemente porque se vean las puntadas, sino que más probablemente es debido a un bulto excesivo de la tela dentro del dobladillo, o porque el dobladillo es demasiado profundo o está mal planchado.

Las puntadas perturban el revés de la tela ligeramente, por ello es esencial dejar el hilo bastante suelto, de lo contrario después de algún uso el peso del dobladillo, tirando de un hilo tenso, causará la aparición de una marca. El peligro de las marcas se reduce si se trata de una prenda armada. El borde de la vuelta debe cubrirse de la manera menos abultada posible para la tela, pero sin que deje de evitar el deshilachado. Corrientemente resulta satisfactorio el método utilizado para pulir las costuras.

Algunas telas y prendas pueden tratarse de manera diferente, por ejemplo, cuando hay un forro, pero el método siguiente es el mejor para dobladillos de vestido, dobladillos de manga y dobladillos de pantalones.

Preparación

(I) Habiendo marcado la longitud en la prueba, probablemente con una fila de alfileres, compruebe cuidadosamente que las parejas de costuras son de igual longitud, por ejemplo las costuras de costado, las costuras

de manga, las costuras interiores de las piernas en los pantalones. Naturalmente esto no puede hacerse si existe un defecto de figura conocido, tal como una cadera sobresaliente. No compare la costura del centro del delantero con la del centro de la espalda.

(II) Ajuste cualquier alfiler que parezca estar fuera de la línea. Si la tela es especialmente resbaladiza, o si sabe que se han de hacer más pruebas, pase una línea de hilván alrededor, sobre los alfileres, de manera que éstos se puedan quitar antes de que se caigan.

(III) En las costuras recorte las vueltas a 6 mm, desde el borde hasta justo pasada la línea del dobladillo (Fig. 47).

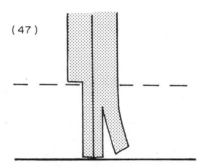

(47)

Si la costura forma ángulo como por ejemplo en una manga, también será de ayuda tijeretear en ángulo la vuelta en la línea del dobladillo (Fig. 48).

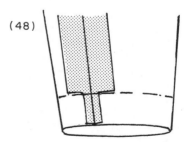

(48)

(IV) Vuelva hacia arriba el exceso de tela e hilvane con pequeñas puntadas justo por dentro del borde doblado (Fig. 49 a). Esta distancia varía según la tela empleada; en material ligero y delgado el hilván no debe estar a más de 3 mm desde abajo, mientras que en una tela abultada puede encontrarse que flexa y separa los hilvanes si no están por lo menos a 6 mm desde abajo.

(V) Cuando vuelva hacia arriba el dobladillo de una falda, extienda el trabajo sobre la mesa con el derecho hacia afuera y el centro

(49 a)

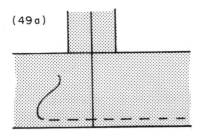

(49 b)

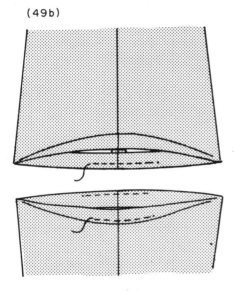

del delantero encima y el bajo hacia usted. Doble hacia atrás la parte de la falda que queda encima y comience por hilvanar 20 cm de la parte que queda inmediatamente frente a usted manteniendo el trabajo sobre la mesa. Haga girar la falda en redondo y dispóngala de tal manera que ahora hilvane 20 cm aproximadamente en el centro del delantero. Desplácela de nuevo e hilvane la parte de la costura de costado y luego la otra (Fig. 49 b). Finalmente llene las zonas no hilvanadas. Este método evita el arrastre y asegura que cualquier sobrante, debido al acampado de la falda, se distribuye uniformemente.

(VI) Planche el pliegue. Utilice el planchamangas y asegúrese de que el dobladillo no se estira, disponga parte de él sobre el planchamangas a lo largo, colocándolo en curva si ésta es la forma de la prenda. Planche solamente por el revés, cualquiera que sea el método empleado para la tela en concreto.

Planche solamente una vez; el planchado final se hará más tarde.

Las mangas y los pantalones deben volverse con el revés hacia afuera, de manera que puedan deslizarse sobre el planchamangas para plancharlos.

Planche solamente el pliegue de la tela, utilizando la punta y el costado de la plancha, no deje nunca que la plancha quede sobre el borde cortado de la tela.

(VII) Cuando se haya enfriado pase una línea de hilván de puntadas bastante grandes alrededor del dobladillo para sostener hacia arriba el exceso de tela y pruébese la prenda. Si va a utilizar cinturón póngaselo también.

Si algún punto no está correcto marque esta parte con alfileres. Haga cualquier modificación deshaciendo el hilván, no solamente en ese punto sino un buen trozo a cada lado, quite el doblez planchando con una plancha a temperatura media y use muselina húmeda y vuelva de nuevo a darle una línea mejor. Si el largo está totalmente equivocado todo alrededor, marque la longitud correcta con un alfiler antes de quitar todos los hilvanes, quitar la raya por planchado, y comenzar de nuevo.

Cuando esté satisfecha de la línea del dobladillo quite el segundo hilván que sostiene el borde cortado.

Profundidad del dobladillo

Este depende fundamentalmente de la cantidad de forma en el dobladillo pero también de la tela. El dobladillo de una falda tiende a ser tan grande como sea posible, para dar paso a la prenda de manera que caiga bien, pero si esto causa problemas con el exceso de tela debido al bulto, entonces debe ha-

(50a)

Profundidad
de dobladillo

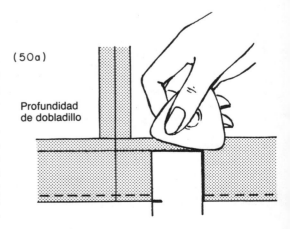

cerse más estrecho. Donde las costuras tienen forma, como en las mangas y los pantalones, el dobladillo no debe ser demasiado profundo.

Si la tela es de peso muy ligero un dobladillo profundo ayuda a que caiga bien, pero si es también transparente puede ser mejor hacer un dobladillo muy estrecho por cuestión de apariencia.

Una guía para la mayoría de las telas de peso medio es la siguiente:

Dobladillo de vestidos o faldas 5 cm.
Mangas 2 cm.
Pantalones 2,5 - 4 cm.

Use una galga o marcador y mida uniformemente alrededor, marcando con jaboncillo (Fig. 50 a). Recorte el exceso de tela utilizando tijeras de tamaño medio. Pula el borde cortado, preferiblemente por sobrehilado cuando sea más blando, pero si lo desea puede hacer zigzag a máquina, especialmente en los dobladillos de los pantalones y mangas.

Planche este pulido, pero no contra la prenda.

Hilvane plano el dobladillo, cosiendo un poco por debajo del pulido.

Cosido
Utilice hebras cortas y, sosteniendo el trabajo con el pliegue hacia usted, levante el borde cortado y cosa con punto escondido justo por debajo. Tome solamente un hilo en la prenda y luego una pequeña cantidad de dobladillo. Las puntadas deben de estar separadas a unos 6 mm. Mantenga el hilo bastante suelto, de hecho en género de punto es una buena idea dejar intencionadamente un pequeño bucle cada pocos centímetros. La costura no debe estar por debajo del borde, pues de lo contrario tendrá la probabilidad de engancharla en algún momento y rasgar la costura (Fig. 50 b).

(50b)

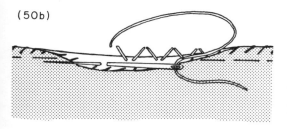

13. *Volviendo un dobladillo con Wundawed (cortesía de Vilene Ltd.).*

En lugar de coser, puede utilizar Wundaweb, especialmente en pantalones y mangas, pero primero ensáyelo aparte, en algunos casos da demasiada rigidez a algunas telas. Para el Wundaweb, el dobladillo debe acabarse a una profundidad de 4 cm, puliendo el borde como anteriormente. Doble hacia abajo el dobladillo, coloque el Wundaweb en posición cortándolo y solapándolo para hacerlo curvo (Fig. 50 c). Doble de nuevo hacia arriba el dobladillo de manera que cubra el Wundaweb y plánchelo a temperatura media con trapo húmedo. No planche sobre el borde del dobladillo.

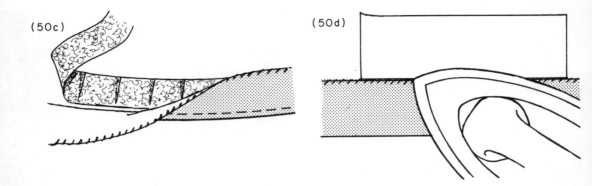

(50c)   (50d)

Acabado

Quite todos los hilvanes. Planche el dobladillo hacia el borde pero no sobre él. Si nota que esto no es suficiente coloque un trozo de tela arriba, contra el borde, para ponerlo todo al mismo nivel y planche ligeramente sobre la zona no dejando el peso de la plancha demasiado firmemente sobre el trabajo (Fig. 50 d). Vuelva la prenda del derecho y planche ligeramente.

PARTE 3
Adaptaciones

1. Delantal

Descripción

Delantal sencillo con cuello en pico, con costura marcada y trabilla. La cremallera va en el centro de la espalda, pero puede colocarse en la costura central del delantero, en cuyo caso la trabilla debe hacerse para cerrar, bien sea con ojales o con Velcro.

La trabilla y el falso bolsillo pueden hacerse de la misma tela, de una tela contrastada, de gamuza o de cuero.

Telas recomendadas

Lana o mezcla de lana tipo escocés, dibujo a cuadritos o cualquier ropa recia lisa.

Planchado

Plancha caliente sobre muselina húmeda, bastante presión.

Emplee un taco de plancha sobre las costuras etc. y déjelo enfriar antes de llevarlo.

Mercería

30 cm de Vilene; 56 cm de cremallera metálica fuerte para la espalda o 40 cm si se coloca en el delantero; 2 botones de 2,5 cm; 4 cm de velcro; 2 carretes de Drima; 1 carrete para costura gruesa Drima; Wundaweb; un trozo pequeño de Bondawed; un trozo pequeño de tela de forro.

Tipos de figura

Puede acomodarse a la mayoría de las personas, pero la trabilla corta, lisonjeará especialmente a una cintura gruesa, pues interrumpe la línea de cintura. Un vestido sin mangas es siempre bueno sobre una figura de hombros anchos. Para un efecto de mayor sencillez suprima el bolsillo y la trabilla.

Orden de la confección

(1) Haga el falso bolsillo después de determinar la posición en la primera prueba.

Vestido delantal básico. Bolsillo alto ribeteado. Trabilla en la cintura.
Cremallera en la espalda o puede llevarla en la costura del CD

(II) Siga el orden de confección del vestido básico, excepto en que debe colocar las vistas en las sisas en lugar de colocar las mangas.

(III) Confeccione y coloque la trabilla después de determinar la longitud exacta que se necesita para que caiga entre las dos pinzas.

Puntos para la prueba
Hilvane el cuerpo y pruébelos sobre una blusa o camiseta, saque las costuras de los costados si es necesario y vea si se ha de bajar más la sisa.

Cuello en pico y pinzas

Preparación
(I) El patrón
Utilice las piezas del cuerpo y falda básicos. Mida 15 cm hasta abajo en el centro del delantero. Trace una línea con regla desde allí al hombro. Marque la posición de bolsillo de 7,5 cm de largo a mitad de distancia entre el hombro y el sobaco. Baje la sisa 13 mm en el delantero y la espalda (Fig. 1). Trace las vistas de la nueva línea del cuello, marcando 1,5 cm de margen para las costuras y luego 5,5 cm de ancho de las vueltas (Fig. 2).

Vistas del cuello   (2)

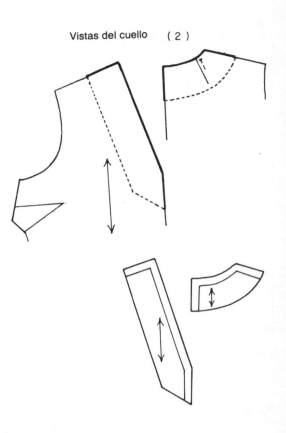

(I)   Patrón

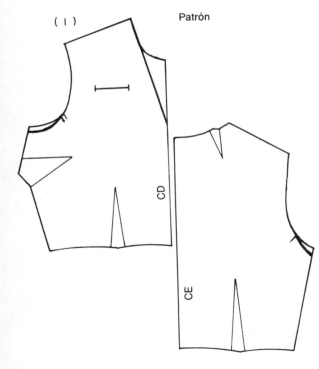

Preparación de las vistas de la sisa
(a) El patrón: Prenda la espalda y el delantero del cuerpo a papel, superponiendo las vueltas de los hombros. Trace el borde de la sisa y unos 5 cm de la costura de costado. Quite el patrón y marque las vistas. Primero mida 1,5 cm. de margen para la costura, luego 5 cm para el ancho de la vista, dejando 6 mm para el pulido del borde interior. El hilo debe ir en la misma dirección que en el delantero del cuerpo (Fig. 3).

(b) Corte: No corte las vistas hasta después de la primera prueba por si se han de hacer modificaciones. Luego ponga el patrón sobre tela doble con el hilo en la dirección correcta. Corte.

(c) Entretela: Corrientemente no se entretelan las sisas aunque unos cuantos centímetros de la parte superior se incluyen en el hombro. Esto proporciona soporte y es mejor en una prenda sin mangas (Fig. 4). En este estilo hay también un bolsillo de manera que es necesario entretelar esta zona o bien colocando una pequeña pieza de entretela debajo de la posición del bolsillo o colo-

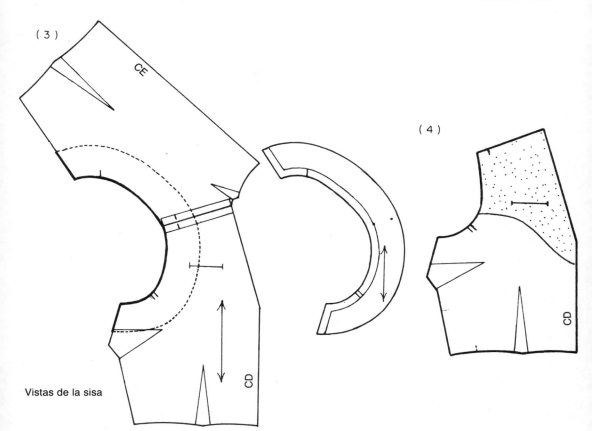

(3)

CE

Vistas de la sisa

CD

(4)

CD

cando la entretela para incluirlo tomando la línea unos 2,5 cm por debajo del bolsillo y a través hasta la sisa.

(II) Corte

Corte la línea del cuello más alta, hasta después de la primera prueba. No corte las vistas del cuello hasta que se hayan hecho nuevos ajustes.

(III) Entretela

Entretele la totalidad del cuello y los hombros porque esto proporciona apoyo en las prendas sin manga.

Extienda el delantero del cuerpo sobre una capa doble de Vilene y recorte el cuello, el hombro y las sisas hasta 2,5 cm por debajo de la posición del bolsillo. Quite el cuerpo y recorte la entretela en una curva transversal hasta el centro del delantero.

Plánchela en su posición por el lado del revés.

Vistas del cuello en pico

Después que la prenda se ha entretelado y cosido la línea del cuello no se estirará, pero

antes de esto usted corre el riesgo de estirarla cada vez que la levante. Para evitar esto manéjela de la forma siguiente:

(I) Corte el cuerpo, hilvánelo, corte la entretela y plánchela en su posición. Haga todo lo que pueda de esto sin levantar las piezas del cuerpo y cuando las lleve a la plancha levante toda la pieza sin permitir que la línea del cuello soporte ningún peso.

(II) Hilvane las vueltas del delantero del cuello en su posición, los derechos juntos, pues esto ayudará también a evitar el estiramiento.

(III) Pruébelo puesto y haga los ajustes necesarios. Cosa o bien la costura del centro de la espalda o la costura del centro del delantero.

(IV) Haga las vistas del cuello como se ha descrito anteriormente. Haga la costura central del delantero de la misma manera que las uniones del hombro. Si se ha de colocar la cremallera en el centro del delantero deje la costura y las vueltas sin unir.

(V) Haga la costura rebordeando la línea del cuello y la costura del centro del delantero.

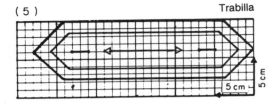

(5)   Trabilla

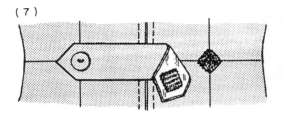

(7)

Preparación de la trabilla

(I) Patrón
Tamaño del papel 30,5 por 7,5 cm. Dibuje un rectángulo de 20 cm por 7,5 y dibuje una línea paralela a los lados más largos, a mitad de distancia entre los mismos. Alargue la línea central en 4 cm por cada lado, y una este punto a las esquinas del rectángulo para formar las puntas. Marque las vueltas a 1,5 cm por dentro todo alrededor de la trabilla (Fig. 5).

(II) Corte
Corte dos veces en tela a lo largo del hilo, o para reducir el bulto, corte una pieza de forro. Si utiliza tela de cuadritos corte la trabilla al bies para producir un efecto interesante (Fig. 6a).

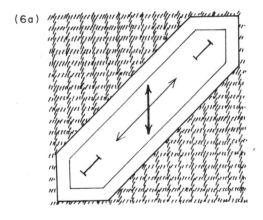

(6 a)

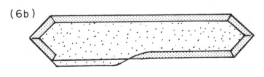

(6 b)

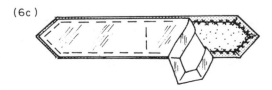

(6 c)

(III) Entretelado
Planche Vilene fuerte planchable en el revés de la trabilla. Marque las vueltas.

(IV) Confección de la trabilla
El método describe el cierre de la trabilla con Velcro, si en su lugar desea hacer ojales ribeteados siga las instrucciones de la página 98.

Vuelva 1,5 cm todo alrededor, hilvane y planche. Recorte los bordes en bruto a 6 mm y recorte el abultamiento en las esquinas (Fig. 6 b). Si tiene dificultad en lograr una buena forma en los extremos corte una plantilla de cartón a partir del patrón y póngala encima mientras hilvana.

(V) Estos bordes pueden sostenerse hacia abajo introduciendo pequeños trozos de Wundaweb bajo ellos o, si lo prefiere, cosiéndolos con punto de escapulario.

(VI) Quite los hilvanes y planche de nuevo.

(VII) Coloque el revés del forro sobre el revés de la trabilla. Hilvane en el centro para sostenerlo, recorte 3 mm del forro todo alrededor.

(VIII) Vuelva el borde del forro hasta que quede retrasado 2 mm del borde de la trabilla. Hilvane, planche, cosa con punto de dobladillo todo alrededor (Fig. 6 c).

(IX) Quite los hilvanes. Planche de nuevo.

(X) Marque la posición del botón haciendo una cruz con jaboncillo. Coloque la trabilla en posición sobre el vestido e hilvane en el centro. No la clave con alfileres porque se levantará. Cosa los botones en cada extremo sin dejar vástago, a través de la trabilla y la prenda, dando las puntadas a través de la unión de la cintura donde hay una doble capa de tela para soportar el esfuerzo (Fig. 7).

Si ha colocado la cremallera en el centro del delantero, cosa un botón a través de uno de los extremos de la trabilla, cosiéndolo plano sin vástago.

Para el otro extremo corte una pieza de Velcro con la forma y cósala a punto de dobladillo en su posición. Cosa el botón encima, plano sin vástago (Fig. 7).

2. Falso bolsillo ribeteado

(I) Marque la posición del bolsillo con una línea de jaboncillo, añadiendo dos toques firmes a través de los extremos. El bolsillo puede ser de cualquier tamaño pero en esta posición no debe ser normalmente más de 7,5 cm de largo.

(II) Corte una pieza de tela al hilo de 2,5 cm de ancha y 20 cm de larga. Planche Bondaweb por el revés, empleando una plancha a calor medio y muselina húmeda, observando hasta que se vuelva ligeramente moteada. Después de 10 minutos pele cuidadosamente el papel.

Nota: Si utiliza una tela de cuadritos uniforme para la trabilla y el bolsillo corte esta tira al bies para lograr un efecto interesante.

(III) Doble la tira en dos y planche, primero con la plancha desnuda para asegurarse de que los bordes quedan nivelados y la tira es recta y luego utilizando muselina húmeda.

(IV) Recorte el borde en bruto de la tira. El ancho de este galón o ribete varía según la tela. Para los materiales recomendados debe cortarse a aproximadamente 1 cm pero si utiliza una tela más ligera puede ser menor (Fig. 1 a).

(V) Corte la tira por la mitad, coloque un trozo con el borde del corte contra la marca del jaboncillo e hilvane (Fig. 1 b). Coloque el otro trozo de manera que ambos bordes cortados se toquen. Hilvane y luego cosa entre sí con punto por encima los ribetes juntos, para que no se separen (Fig. 1 c).

(VI) Marque la medida exacta del bolsillo sobre la tira utilizando jaboncillo.

(VII) Utilizando un punto de máquina pequeño para disminuir el riesgo de deshilachado, baje la aguja al centro de una de las tiras en su parte media. Baje el pie y cosa exactamente en la mitad de la tira hasta llegar a la marca de jaboncillo. Dé la vuelta, con la aguja en el trabajo, cosa a máquina hasta la marca de jaboncillo del otro extremo, dé la vuelta y cosa hacia atrás hasta el centro (Fig. 1 d). Repita lo mismo en la segunda tira.

(VIII) Sáquelo de la máquina, recorte los extremos del hilo.

(IX) Vuelva hacia el revés de la prenda y corte la ranura del bolsillo, exactamente en el centro entre las dos costuras de máquina. Corte puntas largas en los extremos, como se muestra tijereteando recto al cosido a máquina (Fig. 1 e).

(X) Empuje las tiras a través del corte hacia el revés, estire para aplanarlas y cosa con punto por encima los bordes de los ribetes entre sí, recoja hacia adentro los triángulos de tela en cada extremo (Fig. 1 f).

(XI) En el revés junte los ribetes hasta los extremos del ojal. Levante los ribetes y esconda debajo el extremo de los triángulos (Fig. 1 g).

(XII) Planche primero por el revés con la plancha a calor medio, puede ser plancha de vapor, luego vuelva al derecho y planche otra vez con poca presión y más vapor bien sea de la plancha o de la muselina mojada.

(XIII) Corte un trozo de tela al hilo de 9 cm de largo y 2,5 cm. de ancho. Colóquela en el revés del bolsillo con el derecho hacia abajo. Hilvánela en posición. Cosa con un punto de través los bordes cortados a los bordes cortados de los ribetes todo alrededor, recortándolos para que ajusten y recortando los extremos de los ribetes si es necesario. Planche (Fig. 1 h).

(1a)

(1b)

(1c)

(1d)

(1e)

(1f)

(1g)

(1h)

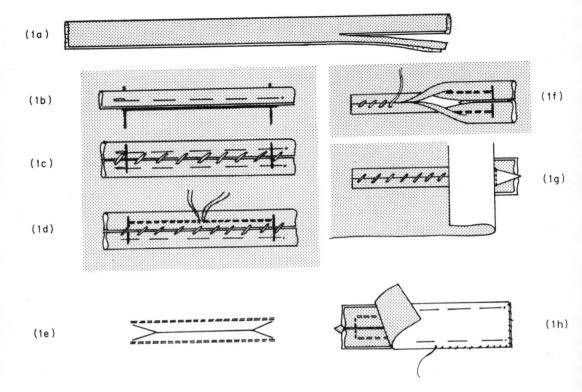

3. Vestido de una pieza

Mucha gente prefiere un vestido sin línea de unión en la cintura porque encuentran este estilo más favorecedor para su figura en concreto. Habiendo probado y modificado el patrón básico de dos piezas, puede convertirse en uno de una sola pieza. El cuerpo se utiliza tal como está y la falda se añade a él. Las pinzas permanecen las mismas de manera que no hay que hacer ningún ajuste adicional en esta parte. La ranura del cuello se mantiene también en la costura central del delantero. Estilos posteriores muestran el centro del delantero cortado en un pliegue.

La cantidad exacta de holgura necesaria para un vestido de una pieza varía con la talla y el tipo de figura, por lo que será más seguro cortar el primer vestido con vueltas de 2,5 cm en las costuras de los costados y ajustarlo cuidadosamente a la figura, señalando sobre el patrón cualquier ajuste que necesitase.

Conversión del patrón básico a una sola pieza

Delantero
(I) Trace el cuerpo sobre una hoja de papel grande (aproximadamente 125 cm por 50 cm), omitiendo las vueltas de la línea de cintura. Alargue la línea del centro del delantero 68,5 cm (63,5 cm más 5 cm para dobladillo) o a cualquier longitud que necesite. En ángulo recto con ésta, en la línea del dobladillo, dibuje una línea de guía de aproximadamente 41 cm de larga.
(II) Mida hacia abajo desde la línea de cintura 18 cm y marque. En ángulo recto con este punto mida la cuarta parte de la vuelta de caderas más 2,5 cm para holgura y 1,5 cm para vuelta de costura. Unalo a la cintura

Vestido de una pieza. Como el vestido básico pero sin costura en la cintura

Vestido de una pieza. el patrón

(I)

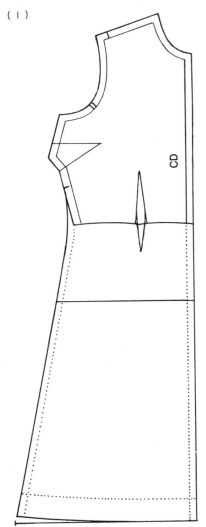

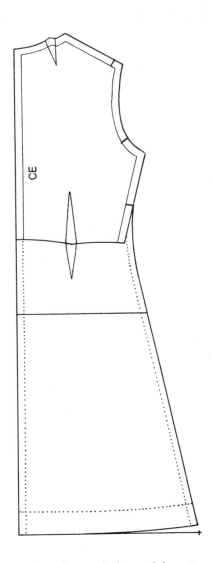

con una ligera curva en la costura de costado. Extienda esta línea recta hasta la línea del dobladillo dándole el acampanado adicional.

(III) Curve la línea del dobladillo elevando 1,5 cm en la costura de costado.

(IV) Pinza: Alárguela hasta 6,5 cm por debajo de la cintura pero reduciendo el ancho en la cintura 0,5 cm. Curve los lados de la pinza ligeramente en la cintura para que no formen ángulo.

Espalda

(I) Trace el cuerpo sobre una hoja de papel grande. Alargue la línea del centro de la espalda en la misma cantidad que la del centro del delantero y dibuje una línea de guía.

(II) Mida 18 cm hacia abajo desde la línea de la cintura, y marque. Mida en ángulo recto desde este punto la cuarta parte de la vuelta de caderas más 1,5 cm para holgura y 1,5 cm de margen para costuras.

(III) Una, alargue y levante la línea del bajo como ha hecho para el delantero.

(IV) Pinza: Alargue la pinza a 10 cm por debajo de la cintura, pero curve ligeramente por debajo de la cintura para reducir el ancho y eliminar ángulos.

4. Vestido de día

Descripción

Vestido de una pieza, falda ligeramente acampanada, manga larga con un puño y cuello vuelto. Variantes del cuello: Con forma, cuello de tirilla, en V con galón de adorno o cuello de lazo. Variantes de las mangas: corta o larga y ajustada.

Telas recomendadas

Todos los estilos son adecuados para cualquier género de punto ligero medio, incluyendo Crimplene, Trevira, Courtelle, lana. El género de punto colgante de peso pluma tiene buena caída si se arma sobre género de punto de nylon.

Telas en contraste lisas o estampadas pueden utilizarse para cuellos y puños.

Planchado

Utilice una plancha de vapor sobre muselina mojada sobre el derecho, o la plancha de vapor sola sobre el revés. Si utiliza una plancha corriente coloque muselina seca sobre la tela y luego muselina mojada encima. Cuando planche las costuras u otros bordes estrechos utilice una presión ligera e inmediatamente pase la plancha debajo del borde para quitar cualquier marca. Los géneros de punto de acrílico déjelos enfriar completamente antes de ponérselos.

Mercería

55 cm de cremallera de nylon; 2,5 cm de Velcro o 2 corchetes para la versión con cuello vuelto; 2 carretes Drima; 20 cm de Vilene ligero planchable.

Tipos de figura

Va bien para tipos bajos con cintura gruesa y talle corto. No para aquellos con cintura del-

Vestido de una pieza. Cortado en doblez el CD
Cuello suelto de tirilla. Manga ajustada con puño

gada y caderas o muslos gruesos. Evitar el cuello alto vuelto cuando se tiene el cuello corto.

Orden para la confección

(I) Pinzas.
(II) Costura del centro de la espalda y cremallera.
(III) Costuras de los hombros y costados.
(IV) Cuello.
(V) Mangas.
(VI) Dobladillo del bajo.

Preparación de un cuello alto vuelto

(I) El patrón.
Tamaño del papel: 40,5 por 40,5 cm.
Sobre la diagonal dibuje un rectángulo de 45 cm de largo por 17,5 cm de ancho. Señale dentro 1,5 cm a lo largo de uno de los lados largos. Marque la dirección del hilo. Recórtelo y marque las vueltas a lo largo de un lado; marque el centro del delantero (Fig. 1).
(II) Entretelado: El cuello se volverá mejor si se inserta una pequeña pieza de entretela para apoyar la línea del cuello pero el resto se deja blando.
  Corte una pieza de Vilene planchable blando de 4 cm de ancho y 45 cm de largo. Plánchela sobre el revés en el borde del cuello que se ha marcado (Fig. 1).

Preparación de una manga larga con puño

(I) El patrón: Acorte la manga larga básica en 2,5 cm incluyendo el dobladillo. Mida 10 cm hacia arriba desde la curva de la muñeca para marcar la profundidad del puño. Trace. Marque vueltas dentro todo alrededor, marque la dirección del hilo (Fig. 2).

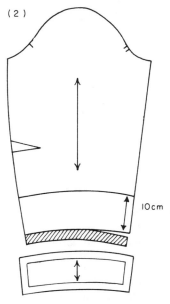

(2)

10 cm

Manga larga con puño

(II) Corte: Corte dos veces en tela doblada, cuatro piezas en total, casando la línea del hilo. Marque las vueltas en un par.
(III) Entretelado: Entretele un par con Vilene planchable.

Pinzas con dos puntas

Doble de manera que se junten los hilvanes de sastre, y ponga un hilván que señale la punta que está justo en el pliegue. Coloque unos pocos alfileres a través de la pinza y uno justo encima de cada extremo. Hilvane con puntadas pequeñas.
  Después de probar planche el pliegue ligeramente, corte el nudo del hilván y en el otro extremo recorte el final del hilo de hilvanado.

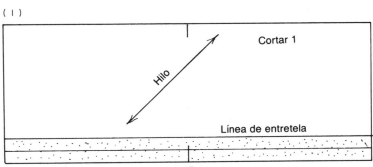

(1)

Cortar 1

Hilo

Línea de entretela

CF

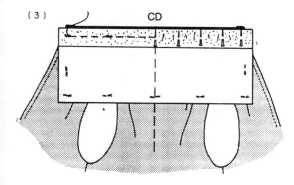

(3) CD

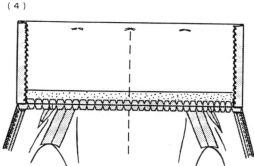

(4)

Cosa a máquina con una curva gradual de extremo a extremo. Trabaje lentamente para evitar un fruncido en una cara. Quite los hilvanes. Planche plana la costura, tijeretee en el centro de la pinza. Coloque sobre una almohadilla o planchamangas y planche como si fuesen dos pinzas, trabajando sobre una punta y luego sobre la otra. Vuelva del derecho y planche otra vez protegiendo el trabajo con trapo húmedo.

Colocación de un cuello vuelto

(I) Coloque el borde marcado del cuello sobre la línea de cuello del vestido, casando las líneas de centro del delantero con los derechos juntos (Fig. 3). Trate de dar holgura al cuello más que estirarlo. Si un cuello vuelto se levanta al usarlo y muestra la junta del cuello es porque en esta etapa se ha dado insuficiente holgura. Para mantener uniforme la holgura comience a prender en el centro del delantero y trabaje hacia afuera hasta cada extremo (Fig. 3).

(II) Recorte un poco las vueltas y haga piquetes a intervalos.

(III) Cosa a máquina la junta del cuello. Quite los hilvanes, piquetee las vueltas cada 6 mm y planche la costura abierta.

(IV) Vuelva hacia adentro los extremos del cuello a nivel con la cremallera, hilvane planche y cósalos a punto de escapulario (Fig. 4).

(V) Doble el cuello hacia abajo de manera que el borde en bruto cubra la junta del cuello. Prenda y mida lo que sube el cuello doblado. Para asegurarse de que el cuello tiene una profundidad uniforme vuelva al derecho de la prenda doble el borde del cuello e hilvane utilizando un marcador o cinta (Fig. 5). Sobre el interior hilvane hacia abajo el borde cortado.

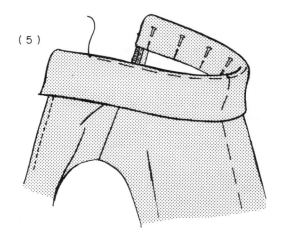

(5)

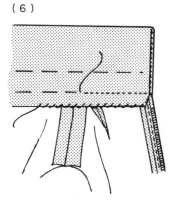

(6)

(VI) Cosa con punto escondido los extremos y punto clavado a través de la junta del cuello para sostener el cuello hacia abajo. Recorte y pula el borde bruto del cuello (Fig. 6).

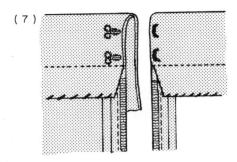

(7)

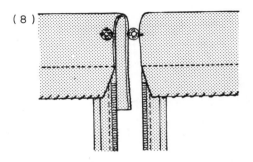

(8)

(VII) Quite los hilvanes del borde doblado antes de planchar. Planche bien el cuello y los extremos con muselina mojada pero pase ligeramente la plancha a lo largo del borde doblado del cuello estirándolo ligeramente. Mientras está aún caliente vuelva el cuello a su posición y marque la raya delicadamente con los dedos, no planche.

Cierre de los cuellos en el centro de la espalda

(I)　Con corchetes y presillas
Utilice dos ganchos del tamaño 0 o 00, fíjelos con punto de ojal en el interior del cuello levantado. Comience por fijar la cabeza del gancho ligeramente más atrás del borde luego cosa con puntadas apretadas todo alrededor de los dos ojos.

Luego trabaje dos pequeños bucles justo por dentro del otro borde haciendo una barra de 4 o 5 hebras de hilo antes de cubrirlas con punto de presilla (Fig. 7).

En un cuello vuelto los ganchos deben ir en la parte interior pero a menudo es también necesario poner igualmente por lo menos uno en la parte exterior.

(II)　Cierre de presión
Si la tela es muy fina utilice un cierre de presión del tamaño 00. Cosa la parte macho debajo del borde de la parte derecha del cuello, utilizando punto de ojal; pero cosa la sección hembra al borde izquierdo firmemente sólo por un agujero dejando el resto del broche sobresaliendo. Cuando éste se cierra el cuello queda borde con borde (Fig. 8).

(III)　Velcro
Este método es satisfactorio para los cuellos que se encuentran borde con borde con la ventaja adicional de mantener el cuello hacia arriba. Cuando utilice este método sobre un cuello vuelto fíjese en que el Velcro está cosido en la parte inferior con una pieza extendiéndose hacia afuera (Fig. 9).

Realización de puños con forma

(I) Una los extremos de las cuatro piezas. Recorte las vueltas y planche las costuras abiertas (Fig. 10).
(II) Junte las parejas con los derechos encarados hilvane y cosa a máquina alrededor del borde de arriba asegurándose de que las costuras están casadas. Recorte las vueltas y piquetelas.
(III) Vuelva del derecho y gire el borde tirando ligeramente la pieza de la entretela hacia abajo. Hilvane y planche (Fig. 11).
(IV) Pase una línea de hilván justo por debajo de este borde.
(V) Cosa y planche la pinza y la costura de la manga. Deslice el puño sobre el derecho de la manga casando las costuras y con la parte de la entretela contra la manga (Fig. 12 a).

Hilvane solamente esta capa a la manga. Cosa a máquina, recorte, piquetee y planche esta costura abierta. Utilice una toalla enrollada o una almohadilla de planchar introducida en la muñeca. (Fig. 12 b).

(9)

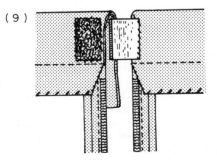

(10)

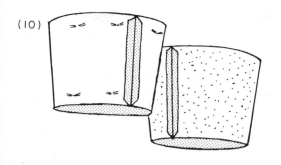

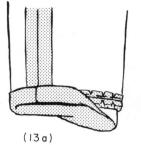

(13a)

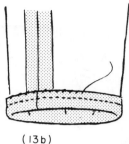

(13b)

(11)

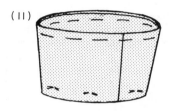

(12a)

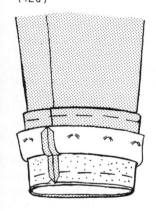

(VI) Doble el puño hacia atrás en la posición que tomará al usarlo e hilvane a lo largo de la vuelta para sujetarlo. Vuelva la manga del revés y lleve el borde cortado hacia abajo para cubrir la costura (Fig. 13 a). Asegúrese de mantener el puño enrollado detrás mientras hace esto, hilvane, cosa con punto de espada a través de la unión y pula el borde. Planche la vuelta sólo ligeramente (Fig. 13 b).

Preparación de un cuello de tirilla
(I) El patrón. Tamaño del papel 26 × 21 cm. Recorte en papel cuadriculado como se muestra. Compruébelo cuidadosamente contra la línea de cuello del vestido o el patrón. Ajuste la longitud en el centro de la espalda (Fig. 1).
(II) Corte

Doble la tela al hilo. Coloque el centro del delantero del patrón en el doblez. Recorte y pase hilvanes de sastre. Quite el patrón y corte de nuevo posiblemente en tela de forro para reducir el volumen, pero no hay necesidad de pasar hilvanes de sastre en este par.

(12b)

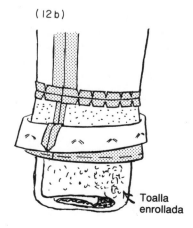

Toalla enrollada

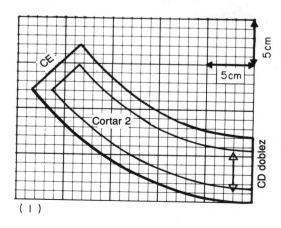

(1)

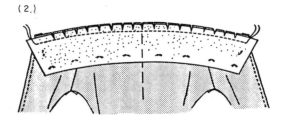

(2.)

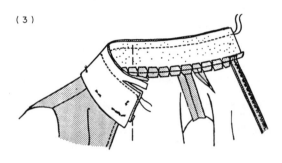

(3)

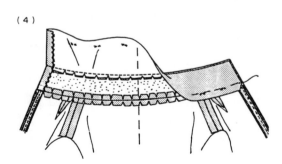

(4)

(III) Entretelado

Entretele el cuello exterior con Vilene planchable fuerte.

Colocación del cuello de tirilla

(I) Coloque el cuello, con el derecho hacia abajo, sobre el derecho de la línea de cuello, casando las líneas del centro del delantero. Hilvane en su posición comenzando en el centro del delantero. Haga piquetes en las vueltas del cuello y de la prenda si es necesario. Cosa a máquina. Quite los hilvanes, planche la unión abierta, y haga más piquetes para que asiente plana (Fig. 2).

(II) Coloque el cuello de dentro sobre el cuello de fuera con los derechos juntos. Hilvane a lo largo del borde superior y cosa a máquina. Recorte y piquetee, recortando el cuello de dentro más estrecho que el de fuera. (Fig. 3).

(III) Planche esta unión colocando la costura sobre un planchamangas o una almohadilla de planchar. No trate de plancharla completamente abierta, simplemente pase la plancha a lo largo de la junta y luego planche rápidamente las vueltas hacia un lado, hacia el cuello de fuera. Dé la vuelta al trabajo y utilizando una muselina húmeda planche el derecho pero solamente en la unión, o el resto del cuello puede fácilmente quedar arrugado.

(IV) Vuelva el cuello interior sobre el lado del revés e hilvane el borde superior estirando la unión ligeramente hacia adentro. Planche (Fig. 4).

(V) Vuelva hacia dentro los extremos del cuello nivelándolos con la cremallera, recorte, hilvane, planche y cosa hacia abajo con punto de escapulario; dóblelo encima e hilvane a lo largo del cuello (Fig. 4). Cosa los extremos del cuello con punto escondido y a lo largo de la costura del cuello con punto clavado a través de la unión, trabajando desde el revés. Pula el borde en bruto piqueteando si es necesario para que quede plano. Planche (ver Fig. 4).

5. Vestido con cuello en pico galoneado y mangas cortas

Para la línea del cuello utilice Vilene ligera para coser. Prepare el patrón y luego mida la línea del cuello y mangas para calcular la cantidad de galón que se necesita.

Preparación

(I) El patrón: Utilice el patrón del vestido de una pieza, marque el cuello en pico como se ha descrito en la página 110.

(II) Corte: Para empezar corte el cuello alto por si luego lo encontrase demasiado bajo. Pase hilvanes de sastre en el cuello y marque el centro del delantero.

(III) Hilvanado: Hilvane la entretela a toda la zona del cuello del delantero. No use los tipos que se pegan por planchado, pues al planchar pueden estirar la línea del cuello.

Prueba

Ajuste la línea del cuello cuidadosamente marcando la nueva línea, si es demasiado baja o demasiado alta. Coloque el galón en posición y decida a qué distancia del borde del cuello colocarlo. Trate el cuello en pico como se describe en la página 110, colocando la entretela.

Colocación del galón en el cuello en pico

La posición del galón en el cuello dependerá de su ancho pero también del efecto que desee obtener.

La línea correcta del cuello y el centro del delantero deben marcarse claramente. Utilizando un marcador o una cinta pase una línea de hilván alrededor del cuello, donde desea que caiga el borde interior del galón.

Con el delantero del vestido sobre la mesa con el derecho hacia arriba, comience en el

Vestido de una pieza. Cuello en pico y mangas cortas galoneados

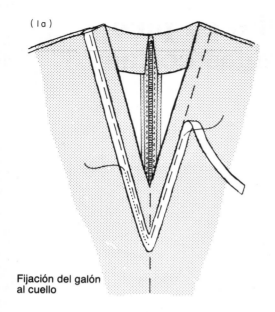

(1a)

Fijación del galón
al cuello

centro del delantero e hilvane el galón en posición, con el borde nivelado con el hilván anterior. Trabaje un lado desde el centro del delantero hasta el hombro del otro lado (Fig. 1a). Aquí no añada galón a la espalda.

Si es posible hilvane ligeramente descentrado, o puede encontrar dificultades después en quitar los hilvanes.

Un galón ancho puede sujetarse con Wundaweb y quitarse los hilvanes antes de hacer el cosido permanente. Algunos galones permitirán acomodar en redondo la punta sin hacer un inglete.

Cosido a máquina
Utilice el mismo punto que para coser las cremalleras y otros trabajos casi invisibles. Cosa en el centro, no estirando el hilo fuertemente. En el hombro cosa el extremo hacia abajo y pula el extremo cortado con unas puntadas de sobrehilado.

Cosido a máquina
Coloque en la máquina el pie de acolchar, el cual le posibilitará observar cuidadosamente la aguja. Ajuste la puntada bastante larga y cosa lentamente por el centro del galón, comenzando en el centro del delantero y trabajando hacia arriba hasta los hombros. Cosa hacia adentro los extremos de la costura a máquina en el centro del delantero. Pula los extremos del galón. Haga las costuras de los hombros y fije las vistas del cuello.

Fijación del galón a las mangas
(I) Cosa las costuras de las mangas y vuelva los dobladillos hacia arriba hilvanando solamente el borde inferior.

(II) Utilice un marcador o cinta y ponga una línea de hilván alrededor de la manga a la misma distancia del borde que la del cuello.

(III) Hilvane el galón en su posición (Fig. 1 b). En la costura de debajo del brazo corte unos puntos de máquina, empuje los extremos cortados del galón a su través. Vuelva a coser la junta en 2,5 cm aproximadamente. Cosa el galón en su posición a mano o a máquina asegurándose de que las vueltas del dobladillo no se agarran en el cosido. Acabe los dobladillos de las mangas.

Si se desea particularmente colocar galón alrededor del cuello de la espalda, puede utilizar el mismo procedimiento, es decir coser las costuras de los hombros y luego cortar un punto para empujar los extremos a su través. Sin embargo es difícil volver a coser con el galón exactamente colocado, pues tiende a resbalar, y mientras que un pequeño movimiento no se ve debajo de los brazos, puede verse muy feo en el hombro. En los hombros es más difícil también porque la costura es inclinada y el galón se encuentra con ella haciendo un ángulo.

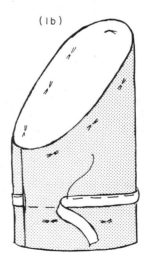

(1b)

Fijación del galón
a la manga

Planchado
Intente evitar planchar sobre el galón por el derecho, coloque el derecho hacia abajo sobre una toalla y planche ligeramente por el revés.

6. Confección de un cinturón curvado de tela lisa

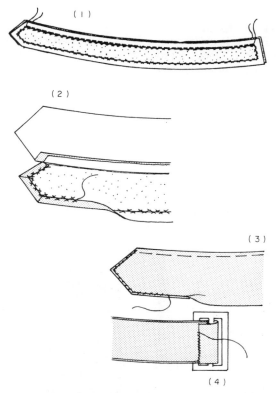

(1)

(2)

(3)

(4)

(I) Extienda su largo de cintura de cinturilla curvada sobre una Vilene bastante fuerte (puede ser una variedad planchable, pero compruebe antes sobre su tela).

(II) Marque alrededor y corte la Vilene pero añadiendo 10 cm para el cierre. Recorte un extremo en punta si lo desea.

(III) Coloque la Vilene en una capa doble de tela y corte alrededor dejando exceso para vueltas.

(IV) Hilvane la Vilene al revés de una de las piezas y fíjela todo alrededor del borde con un punto de escapulario. Si el cinturón tiene punta en un extremo asegúrese de que se cierra de derecha a izquierda.

(V) Coloque ambas piezas de tela con los derechos juntos. Hilvane y pase a máquina a lo largo del borde cóncavo 2 mm más allá de la Vilene (Fig. 1).

(VI) Pase la punta de la plancha a lo largo de la junta planchando las vueltas hacia arriba del cinturón.

(VII) Dé vuelta al borde e hilvane.

(VIII) Vuelva hacia adentro el borde cortado de la tela sobre el Vilene, hilvane, recorte el exceso y el abultamiento de las esquinas (Fig. 2).

(IX) Planche y agárrelo hacia abajo con punto escapulario.

(X) Lleve la trasera hacia abajo e hilvane a través del centro del cinturón para fijarla en posición.

(XI) Recorte un poco el borde de fuera, vuelva el borde cortado por debajo de manera que quede ligeramente hacia dentro del borde del cinturón. Hilvane, planche y cosa con punto de dobladillo con puntadas muy juntas (Fig. 3).

(XII) Deslice el extremo a través de la hebilla, dóblelo hacia atrás y cóselo firmemente con punto de dobladillo formando un rectángulo (Fig. 4).

(XIII) Sobre el otro extremo cosa un trozo de 5 cm del lado blando del Velcro, recortándolo con la forma pero fijándolo por lo menos a 3 mm del extremo.

(XIV) Pruébese el cinturón sobre el vestido, señale la posición para la segunda pieza de Velcro. Antes de coser el lado de enganches del Velcro recorte 1,5 cm. Esto asegura que el lado rugoso queda siempre cubierto aun cuando el cinturón sea ajustado.

7. Falda corta

Descripción

Falda de estilo en A con cremallera en el costado y pliegue interior en el centro del delantero y de la espalda.

La cintura está acabada con cinturilla.

De la falda básica con pliegues interiores en CD y CE. Cremallera en el costado.

Telas recomendadas

Trevira/rayón, lana fuerte, Terylene, géneros de punto tupidos tales como lana o sintético.

Planchado

Plancha a temperatura media, muselina húmeda y bastante presión, especialmente en el pliegue.

Mercería

Un largo de vuelta de cintura de cinturilla curva; 2 corchetes grandes u 8 cm de cierre Velcro; 20 o 30 cm de cremallera oculta; un carrete de hilo Drima.

Tipos de figura

Un estilo clásico para cualquier figura, pero los pliegues son especialmente favorecedores para los muslos gruesos. Equilibre su figura eligiendo cuidadosamente la prenda de arriba a utilizar con esta falda.

Orden de la confección

(I) Pliegue.
(II) Pinzas.
(III) Costuras de los costados.
(IV) Cremallera.
(V) Acabado de la cintura.
(VI) Dobladillo.

Puntos de ajuste

Se aplicará cualquier modificación que haya hecho en la falda del vestido. Además cuando pruebe la falda necesitará estrechar la cintura, metiendo en las costuras de los costados. Encuentre su línea exacta de cintura cuando esté lista para acabar poniéndose la falda, cerrando la cinturilla encima alrededor de la cintura, y marcando con

Patrón

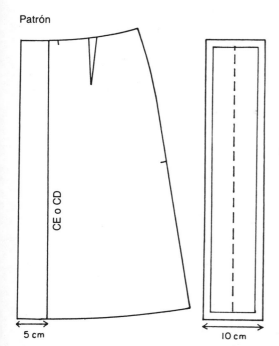

←5 cm→   ←10 cm→

Añadir la capa interior del pliegue   Patrón del fondo
al patrón de la falda   del pliegue

jaboncillo todo alrededor el nivel con el borde de arriba.

Confección y fijación de la cinturilla

(I) Para corchetes: Vuelva hacia atrás los extremos de la cinturilla y dobladíllelos o cósalos a máquina de manera que se ajuste a su cintura cuando los bordes se encuentren. Para el Velcro deje uno de los extremos extendiéndose en 8 cm.

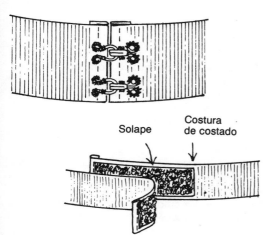

Solape   Costura
               de costado

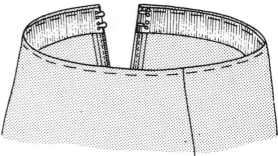

(II) Cosa los corchetes y sus enganches o el Velcro en posición.

(III) Vuelva hacia dentro el borde superior de la falda, hilvánelo y plánchelo sin estirarlo. Pula el borde cortado.

(IV) Coloque la cinturilla dentro del borde superior de la falda y con el borde cóncavo de la cinturilla en lo alto de la falda, préndalo de manera que la cinturilla quede justo por debajo del borde. Hilvane.

(V) Cosa a máquina desde el derecho empleando un punto de zigzag muy pequeño o bien cósalo a mano con punto de dobladillo.

Haga una pequeña barra de punto de hilván al lado de la cremallera en cada extremo para soportar la tensión.

Pliegue interior

(I) Después de cortar la falda pase hilvanes de sastre en la línea de centro del delantero. Dé forma a los lados y al fondo del pliegue, recortando unos 2,5 cm de la cintura para disminuir el abultamiento.

(II) Junte las dos piezas del delantero con los derechos encarados, casando cuidadosamente las líneas centrales del delantero. Hilvane. Mida 15 cm hacia abajo desde la línea de cintura y ponga una marca de jaboncillo para indicar la altura del pligue. Esta profundidad puede variar según el gusto desde 10 cm hasta aproximadamente 20 cm, pero si tiene unas caderas anchas no la cosa demasiado hacia abajo.

(III) Con punto de máquina normal, cosa desde la marca de jaboncillo hasta la cintura, rematando los hilos (Fig. 1). Ajuste la puntada a la máxima longitud, baje la aguja sobre la tela exactamente en la base de la primera costura y cosa desde allí hasta el dobladillo (Fig. 2). No remate los hilos.

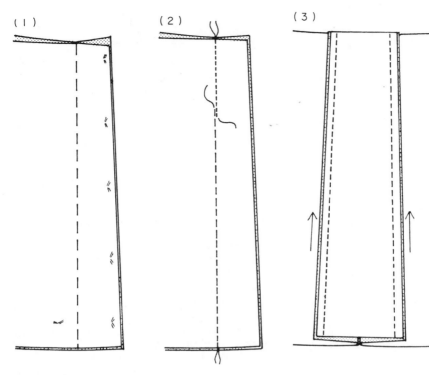

(I)   (2)   (3)

(IV) Planche plana la costura y luego utilizando la punta de la plancha abra el pliegue en la línea cosida. Planche fuertemente el pliegue abierto usando, si es necesario, una muselina mojada. En este momento el pliegue no está terminado, pero la falda está lista para probar. Haga una marca de jaboncillo o ponga un alfiler en el derecho a nivel de la profundidad del pliegue para ver en la prueba donde termina éste.

(V) Después de probar deshaga el hilvanado de las costuras de costado y acabe el pliegue.

(VI) Extienda la falda sobre la mesa con el revés hacia arriba. Coloque el fondo del pliegue encima con el derecho hacia abajo. Case el centro con la línea del pliegue de debajo e hilvane el centro.

(VII) Deslice la mano debajo de las dos capas del pliegue y levántelas ligeramente, de modo que pueda pasar una basta para juntarlas desde el dobladillo a la cintura. Finalmente hilvane los dos bordes entre sí en la línea de costura.

(VIII) Cosa a máquina los bordes del pliegue entre sí, recorte y pula 1,7 cm desde el dobladillo (Fig. 3).

(4)

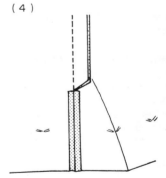

Vuelta de un dobladillo con los pliegues dentro

(I) Póngase el vestido y marque el bajo con los pliegues aún cosidos.

(II) Quítese el vestido y pase un hilo de hilván alrededor de la línea del bajo; pero donde se presenta el pliegue pase hilvanes de sastre a través de todas las capas de tela; como los hilvanes han de cortarse en tres deje los bucles bastante largos entre las puntadas. Separe cuidadosamente las tres capas de tela comenzando por la de debajo; tijeretee los hilvanes (Fig. 4).

(III) Deshaga la costura de puntos de máquina largos que sostienen los pliegues hacia dentro. A menudo esto puede hacerse agarrando el extremo del hilo y soltando delicadamente la tela a lo largo.

(IV) Planche abiertas las uniones del pliegue desde el borde inferior hasta donde acaba el pulido. Recorte los bordes a 3 mm para las telas no deshilachables o un poco más para las que se deshilachan.

(V) Vuelva el dobladillo de la manera normal todo alrededor de la falda, planchándolo y recortándolo y puliendo el borde bruto. Fije el dobladillo de la manera corriente pero en las juntas del pliegue tijeretee el borde bruto hacia adentro hacia la costura y luego cosa el dobladillo.

(VI) Levante los bordes cortados y complete el pulido, trabajando alrededor del rincón en el bajo para acabarlo.

Cosido de los pliegues para evitar que se abran

Doble el pliegue en posición e hilvánelo con un punto en doble diagonal (Fig. 5). Vuelva al revés y cosa desde justo dentro del bajo hasta el borde del dobladillo, cosa cerca del borde a través de todas las capas. Esto puede hacerse a máquina si puede mantener su costura recta a través de este espesor (Fig. 6), pero a menudo es más fácil pespuntearlo a mano.

(5)

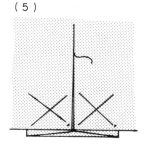

(6)

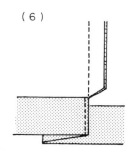

Planche el dobladillo de la manera habitual y vuelva a planchar los bordes de los pliegues, pero como tiene capas de tela desiguales, almohadille la tabla primero con una toalla, pues es fácil acabar con las huellas del pliegue de detrás mostrándose en el dobladillo.

8. Falda larga

Falda larga con volante o lisa hasta el suelo
Cremallera en el costado

Descripción
Falda larga con un volante importante que puede ser de tela en contraste. Para lograr una línea más sofisticada omita el volante y córtela más larga.

Telas recomendadas
Telas sintéticas de estampado grande, lana fina, crepe sintético. La versión lisa sin volante puede ser de terciopelo, de velludillo, brocado y género de punto.

Planchado
Plancha de vapor para las telas sintéticas ligeras y lana. Plancha seca sólo en los brocados. Para planchar el terciopelo y otras telas con pelo, coloque sobre la tabla de planchar un trozo de tela sobrante con el pelo hacia arriba; coloque las partes de la prenda con el pelo hacia abajo y planche muy ligeramente utilizando la plancha a calor medio y muselina húmeda. Cuelgue para enfriar.

Mercería
Un largo de cintura de cinturilla o pretina; 20 o 22 cm de cremallera invisible; Wundaweb para el dobladillo; 2 carretes de Drima.

Tipos de figura
Con la tela adecuada y la prenda de arriba adecuada va bien a cualquiera. En estampados grandes sólo para caderas esbeltas. Para disimular un talle largo úsela con una prenda de arriba oscura, o para disimular las caderas anchas haga la falda de tela oscura y la prenda de arriba estampada.

Orden de confección
(I) Hilvane las pinzas y las costuras de cos-

tado y pruebe. Acabe las pinzas y las costuras.

(II) Cremallera.

(III) Pretina.

(IV) Fije el volante. Doble el volante y planche (o vuelva el dobladillo si no lleva volante).

(V) Hilvane hacia arriba el dobladillo de la falda e hilvánelo al volante.

(VI) Pruebe el largo.

(VII) Quite el volante y acabe el dobladillo de la falda (Wundaweb).

(VIII) Fije el volante a la falda.

Ajuste

La profundidad del volante acabado es de 20 cm; si necesita acortar la falda, meta algo en el borde donde se une al volante para mantener la longitud de éste. Si hace una falda lisa añada 20 cm a la longitud antes de cortarla.

Preparación

Utilice el patrón de la falda como se muestra en la página 127, pero alargándolo; deje 2,5 cm de dobladillo si pone volante o 5 cm si la hace lisa. Quite el exceso para costuras en el centro del delantero y en el centro de la espalda y corte sobre tela doblada (Fig. 1).

Haga la cinturilla como se describe en la página 127.

Corte del volante

Corte trozos de tela al hilo de 45 cm de an-

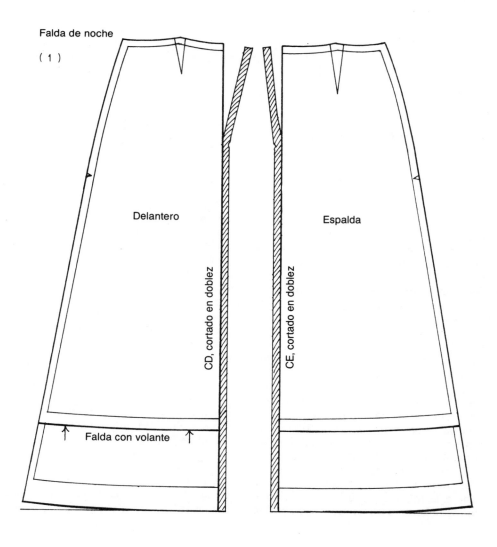

Falda de noche

(1)

Delantero

Espalda

CD, cortado en doblez

CE, cortado en doblez

Falda con volante

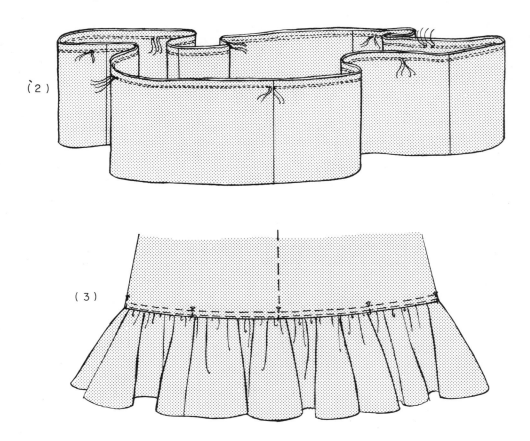

(2)

(3)

cho y únalos hasta que tenga una pieza de doble longitud que el borde inferior de la falda. Si la tela es demasiado tiesa o voluminosa o para hacer el volante doble, corte la misma longitud pero de 25 cm de ancha.

Confección y colocación del volante

(I) Una el volante en una pieza continua, recorte y planche todas las costuras. Doble y planche.

(II) Introduzca hilos para fruncir en el borde cortado, cosiendo a través de las dos capas. Ponga hilos de fruncir cortos, para el caso en que uno se rompa cuando se tira de él, divida el volante en ocho partes e inserte dos hilos de fruncir en cada una (Fig. 2).

(III) Vuelva hacia arriba el borde inferior de la falda 2,5 cm e hilvane. Divida el dobladillo uniformemente en ocho partes. Prenda la falda al volante en estos puntos y estire de los hilos, debe fruncir hasta que cada parte se ajuste a la falda. Enrolle los hilos alrededor de los alfileres para sostenerlos. Hilvane

la falda al volante y pruébesela para ver la longitud.

Quite el volante de la falda pero dejando hechos los fruncidos. Ajuste el dobladillo de la falda si es necesario y luego acábelo puliendo el borde cortado o bien poniendo Wundaweb debajo o cosiéndolo.

Superponga el borde de la falda sobre el volante, prenda las ocho partes de nuevo repartiendo el fruncido. Hilvane dos veces, una sobre el pliegue y otra a 1,3 cm por dentro. Cósalo a máquina con una puntada de longitud media, desde el derecho, con hilo que se mezcle en el estampado, no debe ser necesariamente del color del fondo del estampado. Haga dos costuras a máquina separadas en 1,3 cm. Pula el borde de cortado del volante por el revés (Fig. 3).

Falda lisa

Para la falda sin el volante simplemente vuelva hacia arriba el dobladillo y acábela de la manera acostumbrada.

9. Traje de noche

Descripción
Vestido de noche corto o largo, a partir del patrón de una pieza. Cuello de barca. Abalorios opcionales y decoración en la cintura. Sin mangas o puede llevar las mangas ajustadas del vestido de la página 117.

Telas recomendadas
Crepe musgoso liso, satén, torcido tejido de rayón o seda.

Planchado
Utilice presión muy ligera en la punta de la plancha; tenga cuidado de que los bordes dobles no formen arrugas. Utilice la plancha de vapor solamente por el revés, para las partes difíciles; pero con cualquier método que utilice mueva la plancha rápidamente o la tela tomará brillo. Sobre la seda pura no utilice nada de humedad o vapor.

Mercería
55 cm de cremallera de nylon; 20 cm de Vilene blando; 10 cm de Vilene firme para el cinturón; un botón; abalorios o lentejuelas.

Tipos de figura
Es muy esbelto en la cintura, pues esta zona está interrumpida por el pequeño cinturón. Favorece a la figura rectangular de cintura gruesa.

Orden de confección
(I) Ajuste las pinzas, pero haga y coloque el cinturón dentro de las pinzas delanteras antes de coser a máquina.
(II) Ponga entretela en el cuello, cortada con la misma forma que las vueltas.

Vestido de una pieza. Cuello barca, atado o trabilla sobre la línea de cintura, sin mangas o con manga larga

(III) Acabado de la cremallera y costuras de los hombros y costados.

(IV) Fije las vistas al borde del cuello y uniones de los hombros, pero no recorte ni vuelva el borde hasta que no se haya hecho el bordado o la colocación de los abalorios.

(V) Ponga los abalorios o haga el bordado a través de la tela y entretela.

(VI) Complete las vistas del cuello.

(VII) Acabe el borde de la sisa con las vistas, o colocando las mangas.

(VIII) Suba el dobladillo.

Preparación

(I) El patrón

Utilice el patrón del vestido de una pieza, alargándolo si lo desea. Corte una línea de cuello de barca en el delantero y la espalda del cuerpo del patrón de una pieza (Fig. 1). Quite el margen para costuras del centro del delantero, marque «doblez de corte». El cuello de barca es 6,5 cm más ancho en los hombros y 2,5 cm más bajo en el centro del delantero. Si habitualmente padece de un hueco en el delantero con los cuellos bajos, meta entonces también 13 mm en el borde del cuello en el centro del delantero para reducir el ancho, llevando esto en disminución a nada en el bajo del patrón. En la espalda del cuerpo baje la línea del cuello 1,3 cm en el centro, aunque éste puede ser más bajo si prefiere. Quite el alfiler de la pinza del cuello en la espalda, antes de cortar la nueva línea del cuello. La pinza de la espalda continúa

allí, pero más corta. Añada vueltas al borde del cuello antes de cortar.

Corte «todo en uno» las vueltas de la sisa, como se describe la página 136.

(II) Corte

Si está insegura de la profundidad de la línea del cuello o es la primera vez que intenta este estilo, corte el cuello redondo normal, pero pase hilvanes de sastre en este nuevo, más bajo, y compruébelos en la prueba.

(III) Entretelado

Entretele la línea del cuello con Vilene blanda, utilizando el patrón de las vistas como guía. Esto significará que entretelará todo alrededor de la sisa, pero ello ayudará a sostener el bordado, y evitará también las arrugas que a menudo son un problema debajo de los brazos con las telas de vestidos de noche.

Puntos de la prueba

(I) Compruebe el ancho de la línea del cuello.

(II) Determine la posición del cinturón; si tiene el talle corto colóquelo bastante abajo; si le va bien la línea imperio colóquelo entonces algo alto.

Introducción de los cinturones

(I) Los patrones.

Tamaño del papel: Trabilla 15 cm por 5,5 cm.

Atado 25,5 cm por 12,5 cm.

Corte: Los patrones como se muestra, marcando la línea del hilo. No corte con forma el extremo de la trabilla, deje el patrón como rectángulo.

(II) Corte.

(a) Trabilla: Corte un trozo de tela 7,5 cm de ancho y 60 cm de largo (o dos piezas cada una de 30 cm de largo) córtela en dos a lo largo por el centro y entretele una pieza. Corte en dos esta pieza y corte también la otra, con lo cual tenemos cuatro piezas (Fig. 2 y 3).

(b) Atado: Corte el patrón dos veces en tela.

(III) Entretelado.

Utilice Vilene de un peso firme en la trabilla y una variedad blanda de coser en el atado. Ensaye primero el Vilene planchable sobre un retal de tela, para asegurarse de que no se

(I)

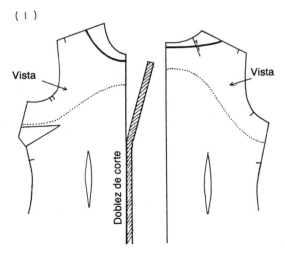

Vista

Vista

Doblez de corte

(2) Atadura y trabilla

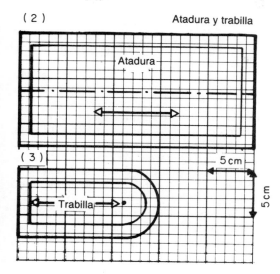

ve. Si esto sucede utilice una variedad firme de coser.

Cinturón de presilla

Coloque las piezas juntas en pares con los derechos encarados, embaste. Recorte las vueltas del patrón y colóquelo sobre la tela, casando exactamente la línea del hilo. Hilvane alrededor del borde del patrón marcando las capas juntas (Fig. 4).

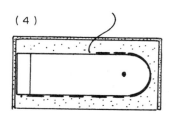

(4)

Antes de pasar a máquina marque con jaboncillo el extremo para proporcionar una guía para el cosido.

Después de coser a máquina recorte y ponga en capa las vueltas y piquetee. Si la tela se deshila fije un pequeño trozo de Wundaweb en el extremo de la pieza no entretelada.

Vuelva la pieza del derecho y redondee los bordes. Hilvane y planche.

Cuando la planche por el derecho proteja la tela con un trapo seco. Solape una pieza sobre la otra y cosa el botón a través de ambas capas.

(5)

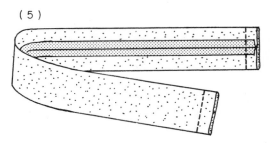

Cinturón atado

Doble cada pieza por la mitad a lo largo, con el derecho hacia adentro, y cosa a máquina los bordes cortados unidos entre sí. Corte y planche la costura, abierta, con la punta de la plancha. Lleve la costura hacia el centro y cosa a máquina los extremos a través (Fig. 5). Corte por la mitad para tener dos piezas, vuelva las piezas del derecho hilvane y planche. Colóquelas en las pinzas como se explica seguidamente.

Colocación del cinturón

Después de ajustar las pinzas y marcar la posición, corte el pliegue de la pinza por el revés y tijeretee los hilvanes; pase el cinturón a su través, centrando el botón sobre la línea del centro del delantero del vestido. Asegúrese de que el cinturón esté nivelado midiendo hasta lo alto de cada pinza (Fig. 6a y b).

Cosa a máquina las pinzas y pula los bordes cortados.

Colocación del cinturón

(6a)   (6b)

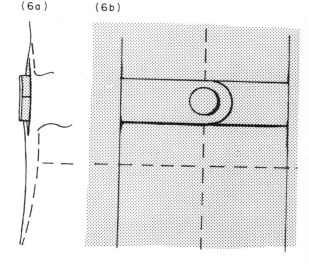

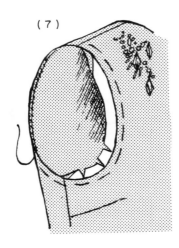

(7)

Acabado de las vistas del cuello y la sisa

(I) Recorte, haga piquetes, y vuelva en el borde del cuello. Hilvane y planche ligeramente.

(II) Una la costura del sobaco sobre las vistas.

(III) Pula el borde cortado de las vistas.

(IV) Para el vestido sin mangas vuelva hacia adentro el margen para costuras e hilvane, piqueteando si es necesario. Planche. Vuelva hacia dentro el margen de costuras de las vistas, haciendo piquetes donde sea necesario, e hilvane. Cosa con punto de dobladillo todo alrededor (Fig. 7).

(V) Si coloca mangas pase una basta por los bordes de la sisa del vestido y las vistas juntas, y coloque las mangas.

10. Vestido largo con mangas acampanadas

Descripción

Vestido de una pieza con manga larga acampanada, rebordeada con una tira ancha al bies en tela a juego o contrastada.

Utilice el patrón de vestido de una pieza alargado hasta el suelo.

Telas recomendadas

Brocado, seda, terciopelo, tejidos sintéticos tales como el Tricel, algodón fuerte, etc.

Planchado

Planche según la tela, pero coloque las mangas más tarde para evitar que se aplasten.

Mercería

55 cm de cremallera; 2 carretes de Drima; Vilene blanda para el cuello; tela en contraste, si se desea, para las mangas.

Tipos de figura

Este tipo de manga tiene su mayor volumen a la altura de las caderas y debe evitarse en las figuras en forma de pera.

Orden de confección

1. Seguir el orden para el vestido básico.
2. Confeccionar las mangas.
3. Colocar las mangas.
4. Dobladillo.

Prueba

Todas las modificaciones hechas en el patrón básico se aplicarán con estas mangas.

Preparación

(I) Patrón.

Corte quitando 2 cm del borde inferior del patrón de la manga. Corte el patrón en cua-

Vestido de una pieza. Manga amplia rebordeada
Vueltas del cuello aplicadas por fuera

Vestido largo con manga acampanada.

Vestido de una pieza. (Sin costura de cintura ni costura de CD)

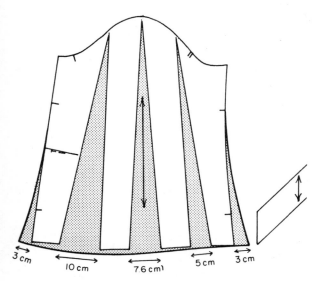

3 cm   10 cm   7.6 cm]   5 cm   3 cm

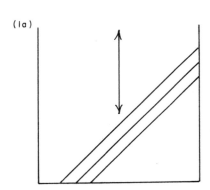

(1a)

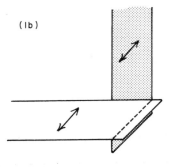

(1b)

tro y desdoble la pinza del codo. Extienda las piezas e introduzca papel adicional de la forma siguiente: 10 cm en la línea cortada de la espalda, 7,6 cm en el corte del centro y 5 cm en el corte del delantero. Además dé forma a los bordes de los lados en curva hasta un punto 3 cm más allá de la posición original. Curve la parte baja de la manga. Marque la dirección del hilo en el centro de la manga.

(II) Corte.

Corte la manga sobre tela doble, casando la dirección del hilo.

Acabado del bies

(I) Corte dos tiras al bies, de 6 cm de ancho sobre el bies de la tela, cada una suficientemente larga para dar la vuelta al borde de la manga (Fig. 1a). Si es necesario una las tiras con costuras al hilo (Fig. 1b).

(II) Doble las tiras en dos a lo largo y plánchelas con los reveses juntos.

(III) Prenda con alfileres la tira doblada, alrededor de la base de la manga, casando los bordes cortados, y con la tira sobre el derecho de la manga. Ponga la unión alineada con la costura interior del brazo (Fig. 2). Cosa y planche la junta; luego hilvane la tira de bies a la manga.

(IV) Cosa a máquina tomando 1 cm para vueltas.

(V) Recorte los bordes brutos un poco y púlalos, bien sea con un pequeño punto de zigzag o sobrehilando a mano (Fig. 3).

(2)

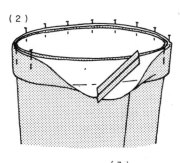

(3)

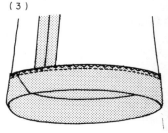

11. Vestido de manga amplia

Descripción
El vestido básico, con una manga amplia fruncida en un puño envolvente, y cerrado con una pequeña pieza de Velcro.

Telas recomendadas
Cualquier tela blanda o tiesa pero no voluminosa: Crimplene de peso pluma u otro género de punto sintético, Viyella, rayón cepillado, similar al lino, algodón/poliéster.

Planchado
Planchar según la tela. Planchar las mangas antes de colocar el puño y luego tener cuidado de no aplastarlas en el manejo.

Mercería
55 cm de cremallera; 2 carretes de Drima; Vilene ligero o mediano para la línea del cuello y los puños; 5 cm de cierre Velcro de 20 mm de ancho o 10 cm de Velcro de 11 mm de ancho.

Tipos de figuras
Casi todas pueden llevar el vestido básico y las mangas amplias le añaden interés.

Orden de confección
(I) Confeccione un vestido básico como anteriormente.
(II) Confeccione las mangas y los puños.
(III) Colocar las mangas.
(IV) Dobladillo.

Ajuste
Cualquier modificación del largo de la manga del vestido básico debe aplicarse también a esta manga.

Vestido básico. Como el básico pero largo con mangas amplias recogidas en puño envolvente. Cinturón con forma opcional

Preparación

(I) Patrón.

Corte el patrón básico en cuatro, deshaga la pinza del codo, extiéndalo sobre un nuevo papel, e introduzca papel adicional para darle amplitud sólo en la muñeca. Intercale 7,5 cm en el corte de la espalda alineado con el dedo meñique, introduzca 5 cm en el centro, e intercale 2,5 cm en el delantero alineado con el pulgar. Curve el borde inferior bajándolo ligeramente en la espalda (Fig. 1). Marque la línea del hilo en el centro de la manga.

Observe que el patrón de la manga se deja en toda su longitud y el puño es adicional. Esto da un atractivo afarolado a la manga.

Para el patrón del puño dibuje un rectángulo de la medida de su muñeca más 2,5 cm de largo y 12 cm de ancho. Añada vueltas todo alrededor. Marque la línea del hilo en el centro.

(II) Corte.

Corte la manga y el puño con el hilo correcto en tela doble. Marque todas las vueltas.

(III) Entretelado.

Entretele el revés de los puños con Vilene planchable o para coser.

Puño envolvente

(I) Introduzca dos hilos de fruncir alrededor del borde inferior de la manga. Ajuste la máquina a la puntada más larga que pueda hacer, comience bien dentro del borde para mantenerse separada de la costura de debajo del brazo, invierta la dirección unas cuantas puntadas y luego cosa hasta el mismo punto en el otro lado de la manga; no invierta ni remate aquí. Trabaje con el lado del derecho encima.

(II) Coloque el puño a la manga con los derechos juntos, prenda con un alfiler cada extremo y estire de los hilos de fruncido para ajustarlos. Tire solamente del hilo de la bobina, es decir el que está en el revés de la tela y enrolle el extremo en un alfiler para sostenerlo. Reparta uniformemente los frunces e hilvane. Cosa a máquina.

(III) Recorte las vueltas y planche hacia abajo dentro del puño.

(IV) Doble la manga con los derechos juntos hilvane y cosa a máquina la costura a través de la manga y el puño. Mantenga las juntas del puño niveladas introduciendo un alfiler y cosiendo sobre él.

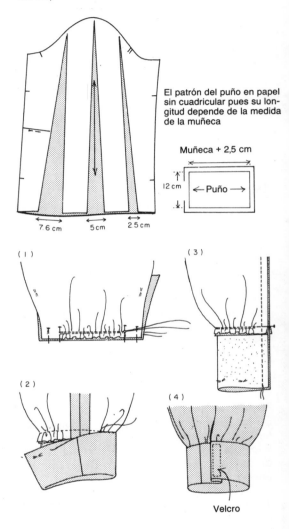

Vestido con manga amplia fruncida en puño envolvente.
Forma de vestido básico (costura de cintura, costura de CD)

El patrón del puño en papel sin cuadricular pues su longitud depende de la medida de la muñeca

Muñeca + 2,5 cm

12 cm ← Puño →

7.6 cm   5 cm   2.5 cm

(1) (2) (3) (4)

Velcro

(V) Vuelva hacia adentro el borde cortado del puño e hilvánelo a la costura de máquina. Cósala a punto de dobladillo.

Fijación del Velcro

Pruébese la manga y marque la envolvente en ella alineada con su dedo meñique. Corte el Velcro por la mitad a lo largo si utiliza el más ancho, y cosa las piezas en su lugar de manera que cuando se cierre se ajuste el puño a su muñeca.

Indice